Petr Chudožilov
Zu viele Engel

Der Autor:

Petr Chudožilov wurde 1943 im mährischen Prostejov geboren. Er verließ die frühere Tschechoslowakei, als er dort nicht mehr veröffentlichen durfte. Heute lebt er als freier Schriftsteller in Basel. Sein 1991 in deutscher Sprache erschienenes Buch ›Auf dem Walfisch‹ erhielt mehrere Preise.

Der Illustrator:

Reinhard Michl, geboren 1948 in Niederbayern, zählt zu den wichtigsten deutschen Kinderbuchillustratoren. Seine Arbeiten wurden vielfach ausgezeichnet, einige der von ihm illustrierten Bücher standen in der Auswahlliste zum Deutschen Jugendliteraturpreis.

Petr Chudožilov

Zu viele Engel

19 absolut wahre Geschichten

Aus dem Tschechischen von Susanna Roth
Mit Bildern von Reinhard Michl

Deutscher Taschenbuch Verlag

Ungekürzte Ausgabe
In neuer Rechtschreibung
November 1998
Deutscher Taschenbuch Verlag GmbH & Co. KG, München
© 1994 Carl Hanser Verlag, München–Wien
ISBN 3-446-17189-4
Umschlagkonzept: Balk & Brumshagen
Umschlagbild: Reinhard Michl
Gesetzt aus der Baskerville 11,5/13·
Gesamtherstellung: Kösel, Kempten
Printed in Germany · ISBN 3-423-70502-7

Für meine Frau

»Der Engel ist mein liebstes Tier.
Gleich nach der Giraffe!«

Das Goldene Buch der Engel

Der Engel ist mein liebstes Tier. Gleich nach der Giraffe. Als Kind konnte ich stundenlang zuschauen, wie gegen Abend Engel durch die Luft flitzten. Wenn das Wetter nach Regen aussah, flogen sie niedriger als sonst über die Erde. Ähnlich wie die Schwalben. So niedrig, dass sie ihre Flügelspitzen in die Pfützen tunkten. Man brauchte nur die Augen zuzukneifen um durch den Schlitz zwischen den Lidern beliebig viele Engel zu sehen. Sie flogen unheimlich schnell.

Das Sonderbarste an den Engeln war, dass sie beim Fliegen überhaupt nicht mit den Flügeln schlugen. Sie hielten sie nur ausgebreitet in der Luft, ohne die geringste Bewegung. Wie sie das machten? Bis heute habe ich nicht begriffen, was für einen Trick sie dabei anwandten. Passt auf, die Giraffe macht es ein bisschen ähnlich: Sie bewegt sich zwar mit bewundernswerter Schnelligkeit vorwärts, die Beine schlenkern aber nur ganz schlaff. Das Ergebnis ist der erhabene Giraffenlauf, der dem Engelsflug sehr ähnlich sieht. Ein Mensch würde bei solch einer trägen Bewegung bestimmt einschlafen.

Einige Engel werden Seraphim, die Weisen, genannt. Erstaunlicherweise stammt unser Wort Giraffe vom arabischen Serafa ab. Sagt mir, sind die erwähnten Ähnlichkeiten zwischen Engeln und Giraffen tatsächlich purer Zufall? Damit ich es nicht vergesse: Engel und

Giraffen haben sogar ähnliche Augen. Seht nur: riesig, liebevoll, friedfertig, mit wunderschönen Wimpern verziert, überzogen von einem Dunstschleier der Spitzbübischkeit. Um einer Giraffe in die Augen zu schauen braucht es freilich Geschicklichkeit oder wenigstens eine außerordentlich große Gestalt. Bei den Engeln ist es etwas einfacher.

Als ich ungefähr zehn Jahre alt war, haben die Engel mich zum Dienst in der Engelsmühle angenommen. Eines Abends pochten sie feierlich ans Fenster meines Kinderzimmers. Ich ließ sie herein, obwohl die Eltern mich von klein auf ermahnt hatten Fremden nicht zu öffnen.»Ein Wolf kann genauso gerissen an der Tür klingeln wie ein Mensch!«, behauptete meine Mutter. Die Engel setzten sich, wo gerade Platz war, der älteste ergriff das Wort. Sie hatten mich unter anderen Kindern ausgewählt, weil…:»Du bist das einzige Kind in der ganzen Umgebung, das um die Ecken schauen kann!«, sagten sie ohne weitere Erklärungen. Ich machte sofort einen Versuch. Sie hatten Recht.

Es waren die schönsten Jahre meines Lebens. Mitten im Hof der Mühle stand ein uralter Vogelbeerbaum. Gern saßen die Engel auf den Ästen dieses ehrwürdigen Baums. Wenn sie zufällig einmal Arbeitslust verspürten, steckten sie die gewöhnlichste Wirklichkeit zwischen die Mühlsteine und zermalmten sie zu Märchen. Seelenruhig machten sie aus einer Mücke ein Kamel. Einen Tiger zermalmten sie zu zehn lieblichen Kätzchen, die sie verlassenen alten Leuten schenkten. Mit Tränen in den Augen bedankten sich die Mütterchen und Väterchen dafür. Freilich ahnten sie nicht, dass ihr Winzling zu einem riesigen Tiger heranwachsen würde! Ein andermal ließen sie eine Schaufel gewöhnlicher Erde durch die Mühle laufen und hervor kam echtes, duftendes Mehl. Sie backten Kuchen und veranstalteten ein prachtvolles Gartenfest. »Wer keinen Kuchen isst, verliert Charakter und Intelligenz!«, ermahnte der älteste Engel die Gäste mit ernster Miene. Bei den Engeln wusste man nie, ob sie gerade Spaß machten oder es ernst meinten.

Es war lustig mit ihnen! Zum Beispiel fanden sie einmal im Gras ein Taschenspiegelchen. Leidenschaftlich stritten sie, wer im Spiegel eigentlich zu sehen war.

»Ich!«, schrie ein junger Engel, dessen Hose an nur einem Hosenträger hing. »Mich sieht man darin!«

»Aber nein!«, sagte ein anderer Engel verärgert. Er nahm das Spiegelchen, schaute lang hinein und rief dann begeistert: »Was hab ich gesagt? Mich sieht man darin! Nicht dich!«

»Also, bin ich es oder bist du es?«, fragte der erste Engel ergrimmt.

Jetzt ging der Spiegel von Hand zu Hand. Jeder dachte, gerade er sei darin zu sehen. »Ich!« – »Zeig her!« – »Schau mal!« – »Ha, siehst du?« – »Was hab ich gesagt!«, riefen sie wie von Sinnen.

Noch ein andermal schrie der Pförtnerengel, der am Tag das Tor bewachte, beim Frühstück: »Aus meiner Tasse grinst mich jemand an wie ein Honigkuchenpferd!« Tatsächlich, vom glänzenden Boden der geleerten Tasse guckte sein eigenes, lachendes Gesicht. Der Engel grinste ungläubig und augenblicklich wurde sein Gesicht vom Tassenboden widergespiegelt. Er wackelte

zum Spaß mit den Ohren und flugs äffte der Engel in der Tasse ihn nach. »Siehst du«, verkündete der älteste Engel weise, »die Welt ist so, wie du selbst bist!«

»Die Welt ist so schön!«, seufzte der Pförtnerengel unbescheiden.

Die ausgelassensten Streiche, die weisesten Aussprüche und die bemerkenswertesten Geschichten schrieben die Engel mit dem Finger ins Mehl der offen stehenden Säcke. Wenn man den Sack schüttelte, wurde zwar alles sofort wieder verwischt, doch unerklärlicherweise blieb in dem Mehl immer etwas haften. Scherzend sprachen die Engel vom *Goldenen Buch der Engel*.

Zu meinen Pflichten in der Mühle gehörte es unter anderem, ganz einfach Mehl in der Mütze von einer Stelle an eine andere zu tragen. Scheinbar hatte dies keinen Sinn. Scheinbar! »Wer sehr neugierig ist, stirbt bald!«, taten die Engel meine Frage ab, was sie sich von diesem Mehlherumtragen eigentlich versprachen. Tatsächlich blieb immer ein bisschen von dem Mehl in den Nähten meiner Mütze hängen. Auch hinter dem tollen Band! Gleich werdet ihr sehen, wie ungeheuer nützlich das später war! Ich hatte geglaubt eine völlig überflüssige Arbeit zu verrichten, dabei hatte ich an einem künftigen Wunder mitgewirkt.

Eines Tages wurde das freundschaftliche Zusammenleben zwischen den Engeln und mir durch einen kleinen, unvorhergesehenen Zwischenfall beendet. Die Engel hatten einige gewöhnliche graue Spatzenfedern, die der Wind von irgendwo hergeweht hatte, zwischen die Mühlsteine gesteckt. Die Mühlräder drehten sich klappernd. Plötzlich flogen daraus fünfzehn kleine

Feuervögel empor. Sie ließen sich auf dem Vogelbeerbaum nieder. Fraßen sofort alle Beeren auf. Es störte sie überhaupt nicht, dass die Beeren noch nicht reif waren. Alles sah wieder nach einer der gewohnten Lumpereien aus. Nur verloren die Vögel plötzlich die Kontrolle über die Situation.

Als der Baum ohne Früchte dastand, glaubte er irrtümlicherweise, der Winter sei schon gekommen. Zu Unrecht und vorzeitig ließ er alle Blätter fallen, die an den Ästen gewachsen waren. Jetzt drang das Sternenlicht mühelos durch das kahle Geäst bis auf den Boden. Augenblicklich erblühten blasslila Blumen. Ihr geheimnisvoller Duft weckte unterirdische Wasser, die zu brausen begannen und unter gefräßigem Schnalzen alles mit sich forttrugen. Kein Stein blieb auf dem andern. Eine Weile berieten die Engel betroffen über die Zukunft. Doch dann schlugen sie leichtsinnig mit den Flügeln. Sie scharten sich zu einer keilförmigen Formation wie dahinziehende Gänse und flogen davon um woanders Gutes zu verbrechen.

»Sollte je ein Wolf an eure Tür klopfen, so öffne ihm nie!«, riet der älteste Engel mir noch aus der Luft zum Abschied.

»Ich bitte euch! Nehmt mich mit!«, rief ich ihnen nach. Ich kniete mich sogar nieder und faltete bittend die Hände.

»Das geht nicht!«, rief der älteste Engel herunter. Seine weiteren Worte zerflossen im Wind. Ganz wie der Zucker im Tee. Nur wurde es nicht süß, sondern traurig.

Ohne Engel war es nie mehr ganz so, wie es sein sollte. Schließlich musste ich mich aber daran gewöhnen. Alles, was mir blieb, war die mehlbestäubte Mütze. Seht ihr sie? Da ist sie! Sie sieht ganz gewöhnlich aus. Es genügt aber, ein einziges Mehlkörnchen in die allergewöhnlichste Geschichte zu streuen, und schon erstrahlt sie wie ein Fenster in der Nacht, als sei es das verlorene *Goldene Buch der Engel.*

So ganz alltäglich ist dieses Märchenbuch also entstanden. Ich habe mir gar nichts ausdenken müssen. Ich habe mir mit der Mütze aufs Knie geschlagen, ein wenig Staub ist aufgewirbelt und die unglaublichen Geschichten kamen von allein herbei, wie wenn ein Mühlrad sich dreht!

»Bitte, wo nehmen Sie diese seltsamen Geschichten nur immer her?«, haben mich meine Zuhörer manchmal verwundert gefragt. Niemand wollte glauben, dass sich alles tatsächlich so zugetragen hat.

Zu viele Engel

Im Haus meines Onkels vermehrten sich die Engel einmal in bedrohlicher Weise. Eine fingergroße Zwergenart. Sie war einfach überall. In der Nacht stießen sie eine Milchtasse um, die wir auf dem Tisch vergessen hatten, und hinterließen auf dem Tischtuch ihre Fußspuren. Sie rüttelten an den Blumen in der Vase. Rannten unterm Teppich herum wie Mäuse. Überall tanzten widerwärtig viele Engelsfederchen.

Der Onkel tobte. Er hieß Josef Engelchen. Vielleicht hatten die Engel sich deswegen sein Haus zum Überwintern ausgesucht. Verzweifelt suchte er ihre Nester.

»Diese Biester haben bestimmt keine anderen Lebensgewohnheiten als die Wespen!«, brummte der Onkel in seinen Bart. Er stocherte mit seinem Stock zwischen den Balken auf dem Dachboden herum. Dabei schaffte er es, in ein echtes Wespennest zu stechen. Die aus dem Winterschlaf geschreckten Wespen waren aggressiv wie Fußballfans. Sie zerstachen den Onkel entsetzlich. Der Onkel schwor Rache. Nicht den Wespen! Den Engeln.

Überall im Haus verteilte der Onkel Mausefallen aus Draht. Gewieft stellte er halb abgebrannte Weihnachtskerzen hinein. Erstaunlicherweise nahmen die Engel die Fallen kaum zur Kenntnis, obwohl sie sonst auf qualmenden Kerzenduft ganz wild sind. Sie schaukelten lie-

ber in den Gardinen. In der Nacht ließen sie Wasser in die Badewanne laufen. Der plätschernde Ton gefiel ihnen sehr. Sie zündeten den Tabak in der Lieblingspfeife des Onkels an. Vielleicht dachten sie, es sei Weihrauch. Sie tanzten um die Pfeife herum, hüpften wild im Kreis wie Menschenfresser.

Am meisten aber ging dem Onkel der Engelsgesang auf die Nerven. Ununterbrochen hallte er durchs Haus. »Halleluja! Halleluja! Halleluja!«, summten die Engel zwar leise, aber ständig. Der Onkel war schon völlig mit den Nerven am Ende.

»Ich bin ein frommer Mensch«, sagte er zähneknirschend, »aber das Höllenfeuer kann nicht schlimmer sein als diese weißen Fledermäuse!« In diesem Augenblick donnerte es gedämpft, warnend, schicksalhaft. Wir erbebten unwillkürlich.

Bald darauf fanden wir im Briefkasten einen äußerst ungewöhnlichen Brief. Der Umschlag aus schwarzem Papier roch nach Schornsteinruß. So mochte es in der Hölle riechen.

»Sehr geehrter Herr!«, las der überraschte Onkel. »Wir erlauben uns Ihnen unsere bewährten Dienste anzubieten. Langjährige Praxis in Engelsaustreibung. Zuverlässige Resultate, Diskretion garantiert, beste Empfehlungen.« Unter der unleserlichen Unterschrift war ein runder Firmenstempel aufs Papier gedruckt: *Doktor Johann Faust und Söhne.*

An einem der darauf folgenden Tage klopfte ein blasser, hagerer Mann mit stechendem Blick an die Haustür. »Doktor Faust!«, stellte er sich vor. Er reichte dem Onkel eine überraschend kalte Hand mit gelben, krallenähnlichen Nägeln. Seine roten Ohren endeten in überlangen Spitzen. Noch nie hatte ich so sonderbare, Furcht erregende Ohren gesehen. Gemächlich ging er ums Haus herum und schlug die Hände über dem Kopf zusammen, als er ganze Trauben von Engeln sah, die sich zum Schlafen unter die Decke gehängt hatten.

»Zum Teufel!«, flüsterte er. »Etwas so Schreckliches hab ich mein Lebtag noch nie gesehen!« Angewidert hielt er sich mit dem Taschentuch die Nase zu.

In alter Manier schlug der Onkel vor sich in einen Finger zu stechen und den Vertrag dann mit dem eigenen Blut zu unterschreiben. Verächtlich fletschte Doktor Faust seine dünn gesäten Vampirzähne.

»Sie brauchen mir nur Ihre Bankverbindung anzugeben!«, winselte er kalt. Er verströmte einen Hauch von Friedhof. Eingehend erkundigte er sich nach der Lage unseres Städtchens und er wollte alle möglichen Verkehrsverbindungen wissen, Zug, Autobahn und Flugzeug. Er erkundigte sich auch nach den Unterbringungsmöglichkeiten in den örtlichen Hotels. Und ohne Zeit zu verlieren ließ er in der Druckerei auf erstklassigem Kreidepapier Prospekte drucken. Darauf stand: *Sensationelle Touristenattraktion!*

Nach knapp einer Woche trafen die ersten Touristen ein. Sie schnauften, waren verschwitzt, hatten Schmetterlingsnetze in den Händen. Sie schwenkten ihre Videokameras. Die meisten waren Amerikaner, doch es tauchten sogar einige Japaner auf. Inserate für einen Urlaub mit echten Engeln waren in allen wichtigen Zeitungen der Welt erschienen.

»Her mit den Engeln!«, brüllten die Touristen.

Schamlos drangen sie ins Innere des Hauses. Als Erinnerung zupften sie den Engeln energisch Federn aus. »Das ist die Hölle!«, stöhnte der Onkel. »Das will ich wohl meinen!«, sagte Doktor Faust. Er platzte fast vor lauter Berufsstolz. Nach drei Tagen gaben die Engel auf. Als brausende Wolke verschwanden sie am Horizont. Sie glichen einem Schwarm davonziehender Heuschrecken. Nach einer Woche verebbte die Touristenwelle. Zurück blieben schließlich nur noch die Wespen. Sie kamen uns jetzt vor wie absolut harmlose, zutrauliche Haustiere. Der Onkel schüttete ihnen Zucker auf ein Tellerchen.

Die Ballade vom Verbrecher und vom Schutzengel

Ein alter Verbrecher hatte auf der Welt überhaupt niemanden mehr, außer seinem Schutzengel. Vor langer Zeit, als der Verbrecher noch ein goldhaariges Kind gewesen war, hatte es genügt, dass der Engel manchmal mit gütigem Lächeln seine schützende Hand über ihn hielt, wenn er irgendwo auf einer blühenden Wiese einen Bach überschritt.

Jetzt, auf der Schwelle zum Alter, gehörte es zur Arbeit des Engels, dem ergrauten Verbrecher heimlich Feilen ins Gefängnis zu schaffen, wenn er eine Flucht vorbereitete und es notwendig war, Gitter zu entfernen. Gemeinsam drehten sie aus den Gefängnisleintüchern Stricke. In eiskalten Nächten kletterten sie in den Graben hinunter. Im Zickzack liefen sie durch den Hagel der Polizeikugeln. Wenn sie erwischt worden waren, duckten sie sich nebeneinander auf der Anklagebank im Gerichtssaal.

Der Schutzengel hasste seine Arbeit. Beschämt machte er zum Vorteil des Verbrechers ab und zu eine Falschaussage und gegen bereits ausgesprochene Urteile reichte er mit juristischen Kniffen gespickte Berufungen ein. Er verringerte das Gewicht der schweren Eisenkugel, die an die Fesseln des Verbrechers geschmiedet war. Außerdem schrieb der Engel unter dem

Namen längst verstorbener Jugendfreunde des Verbrechers heimlich aufmunternde Briefe ins Gefängnis. Darin fragte er nach der Gesundheit des Verbrechers und wünschte ihm baldige Entlassung.

Der Verbrecher liebte seinen Engel nicht. Ganz im Gegenteil!

»Verlasse meine Zelle!«, verjagte er seinen einzigen Freund. »Du bringst mir ohnehin nur Pech, du alter, schäbiger Vogel!« Dem Engel tat dies schrecklich Leid. So still, wie er nur konnte, saß er in der Ecke. Seine Zähne klapperten vor Kälte und Wehmut. Vielleicht wärmten ihn nur noch die Erinnerungen an die verlorene Jugend.

Eines Tages, sie befanden sich in einem Burggefängnis, war eine Massenflucht perfekt vorbereitet. Die Banditen hatten einen dreihundert Meter langen Tunnel gegraben. Vor den Fenstern tobte ein wilder Sturm. Die Wärter dösten zufrieden vor sich hin. Sogar der Mond war sinnigerweise hinter den Wolken verschwunden! Unter den Fenstern des Gefängnisses ankerte auf den Wellen des Meeres ein Schiff mit verbündeten Piraten. Die Umstände hätten wahrlich nicht günstiger sein können! Die Banditen hatten vor einen Schatz auszugraben und dann im Ausland ein unbeschwertes Leben zu führen. Die Fackeln im unterirdischen Tunnel brannten bereits.

»Alles in Ordnung?«, fragte der Anführer der Banditen besorgt. Der alte Verbrecher kam nämlich verdächtig lange nicht aus seiner Zelle. Das hatte einen sehr traurigen Grund: Der Schutzengel weigerte sich die Flucht mitzumachen. Wie ein Häufchen Elend kauerte er in seiner feuchten Ecke. Er wurde von Fieber geschüttelt, konnte nicht einmal mehr auf eigenen Beinen stehen!

»Es geht zu Ende mit mir«, sagte der Engel traurig. »Diesmal wirst du dir selber helfen müssen.« Zum Abschied strich er dem alten Verbrecher über die Hand.

»Dreh diesem alten Schwan doch den Hals um!«, riefen die anderen Verbrecher verächtlich.

»Er wird noch seinen Anteil am Schatz fordern, du wirst sehen!«, sagte der Anführer der Banditen Unheil verkündend.

Nachdenklich blickte der alte Verbrecher in den ausgegrabenen Tunnel. Er kam ihm unendlich lang vor, wie sein von Verbrechen und Flucht erfülltes Leben. Und er schaute den alten Schutzengel an. Dem waren längst alle einst herrlich goldenen Locken ausgefallen. Auf seinem Scheitel glänzte eine Glatze wie ein Heiligenschein. Sein Gewand war vom schweren Geruch der Kerkerzellen durchtränkt. Im zerfurchten Gesicht strahlten tief eingefallene, von Trauer erfüllte Augen. Darin glitzerten Abschiedstränen.

Da regte sich etwas in der verborgensten Tiefe des Verbrecherherzens. Auf einmal sah er, dass es noch wertvollere Schätze gab als ein Schiff voller Gold. Er begriff, seinen treuesten Freund durfte er nicht verlassen. Aus irgendwelchen unerklärlichen Gründen war es ihm nicht möglich. Er schüttelte schwach den Kopf.

»Leb wohl, altes Leben!«, sagte der Verbrecher. Der Anführer der Banditen winkte ungeduldig ab. Die übrigen Ausbrecher fluchten derb. Einer nach dem andern ließen sie sich in den heimlich gegrabenen Tunnel gleiten.

Obwohl der alte Verbrecher es abgelehnt hatte, sich an der Flucht zu beteiligen, fand man seine Zelle am Morgen erstaunlicherweise leer.

Unbestätigten Meldungen zufolge habe in diesem Raum mehrere Tage lang ein seltsamer goldener Schein geleuchtet. Außerdem habe es wie im Paradies nach Weihrauch geduftet. Alle zerbrachen sich den Kopf darüber, wohin der grauhaarige Verbrecher bloß verschwunden sein mochte. Er fehlte sogar unter den festgenommenen Ausbrechern! Die Wärter redeten anerkennend von einer besonders raffinierten Flucht.

Niemand gab sich die Mühe, den Schulkindern zuzuhören. Die erzählten einander nämlich, sie hätten zwei sehr alte Engel gesehen, die mühevoll und unter Aufbietung aller noch verbliebenen Kräfte zu den Wolken emporgeschwebt und im Himmel verschwunden seien. Danach habe man nur noch das Knarren des sich öffnenden Himmelstors gehört.

Duo Angelos

Kleine, unvernünftige Kinder, Trunkenbolde und Zirkusartisten haben neunmal stärkere Schutzengel als normale Menschen. Dies nicht etwa auf Grund von guten Beziehungen oder gar Begünstigungen. Ganz und gar nicht! Kinder, Trunkenbolde und Zirkusartisten brauchen sie ganz einfach mehr, denn allzu oft geraten sie in gefährliche Situationen. Nach den geltenden Vorschriften hat jeder Schutzengel sich stets in nächster Nähe seines Schützlings aufzuhalten um im Bedarfsfall unverzüglich einzugreifen. In dieser Hinsicht sind Engel Feuerwehrleuten ziemlich ähnlich.

Der Schutzengel, von dem hier die Rede sein soll, legte nicht mehr viel Wert auf Vorschriften. Er glaubte alles zuverlässig im Griff zu haben und meinte, es könne ihm nichts Böses mehr passieren. Er war ein alter, ungewöhnlich erfahrener Kerl. Ein Routinier! Bei Rettungsaktionen pfiff er sogar leise vor sich hin!

Eines Tages stierte er zuerst lange in ein Schaufenster. Dann bestellte er in einer Gartenwirtschaft selig ein Gläschen Burgunder. Als er die Nase ins Glas streckte, fiel er vor Freude fast in Ohnmacht! Er plauderte freundschaftlich mit einem ihm bekannten Berufskollegen.

»Wir wollen einander versprechen, dass wir uns nie mehr verlassen!«, riefen die ehrwürdigen Retter beim fünften Glas. Eingehend diskutierten sie über alle wichtigen Neuigkeiten ihres Fachgebiets und mit Vergnügen hechelten sie gemeinsame Bekannte durch.

Ein herrlicher Tag! Plötzlich erhielt der erste Engel von oben die eindringliche Warnung, seinem Schützling drohe in den nächsten Minuten eine tödliche Gefahr.

»O Schreck, o Graus!«, stöhnte er. Er war nämlich der Schutzengel einer alten Zirkusartistin. Sie arbeitete auf dem Hochseil und benutzte grundsätzlich kein Sicherheitsnetz. Eine Verspätung des Engels konnte für die Akrobatin unabsehbare Folgen haben. Durch ein Fingerschnalzen rief der Schutzengel ein Taxi herbei. Der Burgunder verflüchtigte sich aus seinem Kopf wie der gestrige Tag.

»Schnell!«, rief der Engel.

Der Taxifahrer widersetzte sich kurz. Ihm kam es vor, als rieche er ein ganzes Fass Burgunderwein. Er hatte keine allzu große Lust, den verrückten geflügelten Alten in seinen Wagen zu lassen, doch eine dicke Goldmünze besänftigte ihn. Die Tür fiel ins Schloss, der Fahrer fuhr los.

»Gleich sind wir da, Chef!«, knurrte der Taxifahrer und trat aufs Gaspedal. Geschickt schlängelten sie sich durch den abendlichen Stadtverkehr. Direkt vor dem Eingang des Zirkuszelts blieben sie stehen. Das Zelt war mit Tausenden von brennenden bunten Glühbirnen verziert. Die Vorstellung hatte allerdings schon vor einer Weile angefangen. Gerade verkündete der Zirkusdirektor mit feierlicher Stimme, jetzt komme man zu einer wahrhaft außergewöhnlichen Nummer. Die Zuschauer spitzten die Ohren, rissen die Augen auf und rutschten nervös auf den Bänken hin und her.

»Unsere weltberühmte Akrobatin tritt auf dem Hochseil auf!«, rief der Direktor. »Sie ist noch nie heruntergefallen!«

»O je!«, pfiff der Schutzengel verzweifelt. Energisch bahnte er sich einen Weg ins Innere. Doch beim Eingang hatten Marokkaner in goldbestickten Livreen Dienst. Abweisend schüttelten sie ihre Köpfe. Sie waren zuverlässig und unnachgiebig wie Wachhunde.

»Leider geht es nicht mehr!«, sagten sie höflich.

»Weshalb sollte es nicht gehen?«, rief der Engel entsetzt.

»Der Herr möge bis zur Pause warten!«, schlugen die Marokkaner versöhnlich vor.

»Ich muss augenblicklich hinein!«, schrie der Engel. »Meine Angelegenheit duldet keinen Aufschub!« Gewaltsam drang er bis zum Vorhang vor, er stellte sich auf die Zehenspitzen, hüpfte sogar unartig hoch und versuchte wenigstens einen Blick unter die Zirkuskuppel zu werfen. Die Marokkaner, allgemein als misstrauisch bekannt, hatten das untrügliche Gefühl, dass es sich um einen Zuschauer handelte, der sich vor dem Zahlen drücken wollte. Oder sogar ganz einfach um einen Verrückten!

»Ich bitte Sie! Lassen Sie mich hinein!«, sagte der Engel atemlos. »Das ist mein Beruf!«

»So? Ein Beruf?«, wunderte sich der älteste Marokkaner. »Und weshalb kommt der Herr so spät zur Arbeit angeflogen?« Streng blickte er auf die Flügel des Engels.

»Ich hatte starken Gegenwind«, versuchte der Engel sich herauszureden, doch die Marokkaner blickten noch immer abweisend.

Im Innern hatte die Akrobatin inzwischen ihre Nummer begonnen. Ehrlich gesagt war es nichts Besonderes mehr. Ihres greisen Alters wegen hielt die Akrobatin sich kaum noch auf dem Seil. Ihre alten Beine zitterten. Dazu sah sie auch noch sehr schlecht. Sie war in Gefahr, jeden Augenblick herunterzufallen.

»Wir werden sie leider entlassen müssen«, brummte der Zirkusdirektor für sich. Er wusste es mit Sicherheit, dies war die einzige Lösung. Irgendeine harmlosere Ersatzarbeit auf dem Boden würde die alte Seiltänzerin nie im Leben annehmen.

»Ich mache es so rasch wie möglich!«, beschloss der Direktor, als er sah, wie die Akrobatin taumelte. »Am besten gleich, sobald sie herunterkommt!«

Gerade in diesem Moment hatte der Schutzengel es trotz allem geschafft, durch einen Spalt im Zirkuszelt geschickt ins Innere zu schlüpfen. Dabei schürfte er sich ordentlich die Flügel auf, Federn stoben davon. Sofort erregte er ungeheure Aufmerksamkeit.

»Führt ihn hinaus!«, zischte der Direktor den Marokkanern diskret zu. Schon griffen sie nach ihm. Der Schutzengel riss sich los. In seiner Verzweiflung bezeichnete er sich als Mitwirkenden.

»Ich muss zu ihr hinauf!«, schrie der Engel. »Sonst könnte ein furchtbares Unglück geschehen! Wir sind es gewohnt, als Paar zu arbeiten!«

Das Publikum amüsierte sich glänzend. Die Jüngeren stampften begeistert. Die Bänke der Zirkustribüne gerieten bedenklich ins Schwanken. Die Leute nahmen an, alles sei im Voraus so abgesprochen gewesen, der Randalierer gehöre zum Programm.

»Warum lasst ihr ihn nicht herein?«, schrien die Kinder.

»Gebt ihm doch eine Chance!«, verlangten die Erwachsenen gerecht.

»Zeig's den Jungen!«, ermunterte ein Zittergreis den Engel.

Einige Zuschauer krümmten sich jetzt schon vor Lachen. Verlegen wichen die Marokkaner zurück. Für solche Situationen waren sie überhaupt nicht geschult. Fragend sahen sie den Zirkusdirektor an.

»Also, dann gehen Sie und zeigen Sie uns, was Sie können, Papachen!«, sagte der Zirkusdirektor wohlwollend. Er fürchtete weiteren unnötigen Aufruhr. Es drohte die Gefahr eines Einsturzes der Tribüne. Auch die Akrobatin konnte jeden Moment in die Tiefe plumpsen. Im Nu raffte der Engel seine dienstliche Engelskutte hoch. Ein wenig sah sie aus wie ein Nachthemd. Jetzt spulte er sich mühsam ins Seilwerk hinauf. Die Zuschauer waren außer sich vor Vergnügen. Sie dachten, es handle sich um einen neuen Clown.

»Bravo!«, riefen sie und standen von ihren Plätzen auf.

Der Schutzengel stolperte über das Seil zur alten Zirkusartistin. Mit seinen weit aufgespannten Flügeln versuchte er das Gleichgewicht auszubalancieren. Anfänglich hielt die halb blinde Seiltänzerin das geflügelte Wesen für ein riesiges Huhn. Sie konnte sich nicht erklären, woher dieser Vogel kam. Es könnte auch der Todesengel sein!, fuhr es ihr durch den Kopf. Den Todesengel sieht gewöhnlich niemand gern. Die Akrobatin erschrak fürchterlich. Sie schrie auf und schon stürzte sie kopfüber in die Tiefe.

»Hoppla!«, schrien Hunderte Stimmen wie aus einem Mund.

Der Schutzengel packte die Seiltänzerin wirklich erst im letzten Moment. Sicher und meisterhaft fing er sie auf. Erhaben schwebten sie zusammen ins Sägemehl der Manege. Sie fielen wie in eine Daunendecke. Brillant! Die Rettungsübung kannte der Engel noch aus der vierjährigen Engel-Grundschule, wo sie perfekt eingeübt worden war. Jede Bewegung war bis ins kleinste Detail trainiert. Die Zirkuskapelle beendete den glanzvollen Auftritt mit einem schneidig gespielten Marsch.

Die Zuschauer waren verblüfft über diesen unerwarteten Höhepunkt. Sie applaudierten, bis sie Blasen auf den Handflächen bekamen. Die anfängliche Tollpatschigkeit hielten sie für vorgetäuscht aus geschäftlichen Gründen. Im feierlich gestimmten Publikum herrschte die Meinung vor, dies sei die allerbeste Programmnummer gewesen.

»Zugabe!«, riefen die Zuschauer rasend. »Wir wollen eine Zugabe!«

»Bitte, noch einmal!«, bettelte der Zittergreis.

»Das genügt!«, sagte der Zirkusdirektor vernünftigerweise. Er wusste, dass man dem Teufel nicht auf den Schwanz treten soll.

Da trugen die Zuschauer die beiden Helden wenigstens auf den Schultern durch die Manege. Das war noch besser als Kirmes! Sie trugen sie sogar vors Zirkuszelt. Von allen Seiten liefen Gaffer herbei. Eine Zeit lang kam der Verkehr vor dem Zelt und in den umliegenden Straßen zum Stillstand. Schon war die Polizei da, die Feuerwehr raste herbei, auch Fernsehen und Rundfunk

packten ihre Gerätschaften aus. Die Ovationen dauerten Stunden. Als der Applaus endlich verstummt war, bekam der Schutzengel vom Zirkusdirektor auf der Stelle ein Engagement. Die finanziellen Bedingungen waren unglaublich. Großzügig! Der Schutzengel unterschrieb ohne mit einer Flügelfeder zu zucken.

»Die Alten sind besser als die Jungen!«, schrie der Zittergreis frohgemut, dann beruhigte sich die Lage endgültig. Langsam zerstreuten sich die Leute in ihre Häuser.

»Mein Herr! Was suchen Sie hier überhaupt?«, fragte die alte Seiltänzerin den Engel zugeknöpft, als sie in der Zirkuskantine endlich in Ruhe vor einem Kaffee saßen. »Könnten Sie nicht endlich Ihre komischen Flügel ablegen?«

Ohne ein Wort zu verlieren zeigte der Schutzengel ihr seine Federn von nahem.

»Fassen Sie sie an!«, sagte er ruhig.

»Die Flügel sind echt!«, stellte die Akrobatin fest und erblasste. »Das ist doch Unsinn. Es gibt keine Engel! Ich bin nicht abergläubisch!«

»Und wer, glaubst du, hat dir damals in Barcelona das Leben gerettet, als das Seil unter deinen Füßen riss?«, fragte der Engel bescheiden und wie beiläufig.

»Das stimmt!«, staunte die Zirkusartistin. An den viele Jahre zurückliegenden dramatischen Zwischenfall in Barcelona erinnerte sie sich noch sehr gut. Das überzeugte sie schließlich auch. Sie rückte etwas näher zum Engel. Lange sprachen sie über die guten alten Zeiten, erzählten einander längst vergessene Geschichten, tauschten auch Arbeitserfahrungen aus.

»Hast du Angst vor dem Fliegen?«, fragte die Akrobatin.

»Vor dem Fliegen fürchte ich mich nicht!«, sagte der Engel. »Ich habe nur Angst, ich könnte herunterfallen.« Sie brachen in Lachen aus, die Sympathie auf den ersten Blick war gegenseitig. Der Schutzengel und die alte Seiltänzerin traten noch mehrere Jahre zusammen unter dem Künstlernamen *Duo Angelos* auf. Sie reisten mit ihrer Nummer durch die ganze Welt und feierten überall rauschende Erfolge. Viele jüngere Akrobaten konnten sie tatsächlich nur beneiden! Vom gesparten Geld kauften sie sich schließlich ein kleines Haus am Meer. Sie gaben das Nomadenleben auf und durchforschten ihre gemeinsamen Erinnerungen wie einen Schatz. Um die Kondition nicht zu verlieren zog der Engel manchmal seine Kreise über dem rauschenden Meer.

Die Geschichte des Polarengels

Weit hinter dem nördlichen Polarkreis kam eines Abends ein ungewöhnlich starker Schneesturm auf. Zusammen mit dem Schnee wirbelte der Orkan auch Polarengel in die Luft. Einen ganzen Schwarm! Wie Federchen tanzten sie über der skandinavischen Halbinsel, dann jagte der Orkan sie mit Riesengeschwindigkeit gegen Mitteleuropa. Engel oder Schnee, dem Sturm war das schnuppe.

»Hilfe! Wir gehen zu Grunde!«, quietschten die Engel. Vergeblich! Es half ihnen nichts, ihr Wehklagen wurde ohnehin vom Heulen des Windes übertönt. Inzwischen war die Schneewolke ordentlich auf den Wetterkarten aufgezeichnet.

»Von Norden nähert sich ein Tiefdruckgebiet!«, verkündete der Meteorologe in den Fernsehnachrichten. Dann ging er seelenruhig mit einer Freundin in sein Stammlokal zum Abendessen. Als die Zuschauer von diesem Sturmtief aus dem Norden erfuhren, schlossen sie vor dem Schlafen vorsichtshalber sorgfältig die Fenster.

In der Nacht sprangen die Engel über der Schweiz ab. Bis zum letzten Moment hielten sie sich an den Schneeflocken fest wie an Fallschirmen.

»Rette sich, wer kann!«, rief der älteste Engel, als die Flocken tauten.

Die meisten Engel ruderten noch in derselben Nacht mit Hilfe ihrer eigenen Flügel durch die kalte Luft in den Norden zurück. Die schwächeren und älteren Engel setzten sich auf die Rücken von gastfreundlichen Zugvögeln. Einige besonders flinke nahmen sogar den Stockholmer Nachtexpress via Puttgarden. Ein beschwipster amerikanischer Tourist lud die Engel im Zug zu einem Gläschen in den Speisewagen ein.

»Europa ist Klasse!«, jubelte der Amerikaner. Selig streichelte er die weichen Engelsfedern.

Ein Engel hatte sich bei der Notlandung an einem Fabrikschlot ungeschickterweise beide Flügel gebrochen. Von dem erhabenen Nordländer war nur noch ein elendes Häufchen Federn geblieben.

»Ich will nach Hause!«, schrie der Engel verzweifelt. Leider musste er eine Zeit lang im Spital liegen.

»Ans Fliegen ist vorläufig überhaupt nicht zu denken!«, sagte der Arzt gutmütig, als er den Engel aus der Behandlung entließ. Ratlos stand der Engel vor dem Spitaleingang herum. Er hatte keine Ahnung, wohin er sich wenden sollte.

Es war absolut notwendig, sich nach einer Unterhaltsquelle umzusehen. Und sagen wir es frei heraus: In der Schweiz gibt es für Polarengel nicht allzu viele Arbeitsgelegenheiten. Im Stellenvermittlungsbüro zuckte man mit amtlich angemessenem Mitgefühl die Schultern.

»Haben Sie überhaupt eine Versicherung bezahlt?«, fragte die Sachbearbeiterin Frau Hammel.

»Nein!«, sagte der Engel weinerlich.

»Ach!«, kreischte Frau Hammel. Trotz allem buddelte

sie in den Tiefen des Computers zuletzt die Adresse einer Firma aus, die einen starken Mann suchte.

»Danke, Frau Hamster!«, lobpries der vor Freude verwirrte Engel die Frau. »Ich bin Ihnen zu großem Dank verpflichtet!«

»Wer arbeiten will, der findet immer eine Arbeit!«, belehrte Frau Hammel ihn etwas kühl. »Außerdem heiße ich Hammel und nicht Hamster.«

»Frau Hamster möge mir verzeihen!«, stotterte der Engel aufgeregt.

»Ich bin Frau Hammel!«, brüllte die Frau mit fürchterlicher Stimme. »Hammel! Hammel! Hammel!« Sie sprang bis zur Decke hoch. In Wahrheit sah sie jetzt aus wie ein rasender Hamster. Der Engel machte sich lieber aus dem Staub.

Der Firmeninhaber, bei dem er sich vorstellen sollte, war ein gewöhnlicher Mann aus dem Volk.

»Aber ja!«, rief er herzlich. »Eine starke Hand kann ich immer gebrauchen!« Er schlug dem Engel so freundschaftlich auf den Rücken, dass die Federn stoben. »Beladen Sie mir diesen Lastwagen hier mit Mineralwasser!«

Der zerbrechliche Polarengel rüttelte ein bisschen an einem Kasten, schaffte es aber nicht, ihn auch nur vom Boden hochzuheben.

»Also, was ist, Mann?«, sagte der Firmeninhaber zu dem schnaufenden Engel. »Wollen Sie die Stelle immer noch?«

»Nein, nicht mehr, bitte!«, piepste der Engel traurig.

In seiner großen Not wandte er sich ans schwedische Konsulat. Auch der Konsul war kein schlechter Mensch.

Sie saßen eine Weile in seinem wunderschön eingerichteten Büro.

»Polarengel?«, überlegte der Konsul laut. »Ihre Heimat ist doch nicht Schweden«, entschied er gewandt. »Ihre Bürgergemeinde liegt im Himmel!« Zufrieden rieb er sich die Hände, wie gut er den Fall gelöst hatte. Er begleitete den Besucher persönlich bis zur Tür des Konsulats. Freundschaftlich fragte er den Engel, wie es ihm in der Schweiz gefalle. »Ein schönes Land!«, sagte der Konsul mit inniger Stimme zum Abschied.

Ratlos blätterte der Polarengel im Telefonbuch. Zum Glück fiel ihm der Name eines berühmten Religionsprofessors ins Auge. Der Professor, winzig klein, aber hellwach, verzog misstrauisch seine Lippen und entblößte Eichhörnchenzähne.

»Engel sind ein mittelalterlicher Aberglaube!«, brummte er für sich.

Als anständiger Mensch hörte der Professor sich jedoch die Geschichte des Engels bis zum Ende an. Er schnalzte mitleidig, watete rüstig durch den weichen Teppich seines Arbeitszimmers. Mit einer Entschuldigung entfernte sich für eine Weile. Aus dem Nachbarzimmer war aufgeregtes Geflüster zu hören.

»Ich bin über Ihre Situation zutiefst beunruhigt!«, verkündete der Professor, als er wieder zurückkam. Eine Zeit lang schwieg er dramatisch. Der Polarengel machte keinen Mucks. Er hatte das gute Gefühl, gerettet zu sein! »Auch meine Frau ist zutiefst beunruhigt!«, sagte der Professor. Das war alles. Dann stand er auf, zum Zeichen, dass die Audienz beendet war.

In seiner Verzweiflung kam der Polarengel auf den

Gedanken, sich im zoologischen Garten wie irgendein seltenes Tier ausstellen zu lassen. Dies schien ihm eine glückliche Idee zu sein.

»Das geht nicht«, sagte der Zoodirektor. »Ich würde Ihnen gern helfen. Aber Sie gehören nirgendwohin. Zu den Huftieren kann ich Sie schließlich nicht stecken. Und schon gar nicht zu den Vögeln!«

Da der Direktor ein gutes Herz hatte, erlaubte er dem Engel wenigstens für Kost und Logis den Auslauf des Polarbären zu kehren. Das war in der Tat der gute Einfall, auf den man so lange gewartet hatte! Die beiden Nordländer gewöhnten sich rasch aneinander. Im Mondlicht saßen der Bär und der Engel zusammen unterm Himmelszelt. Sie unterhielten sich auf Schwedisch. Der Engel tröstete den Eisbären in seiner Verlassenheit.

»Erinnerst du dich noch, wie Fischtran geschmeckt hat?«, fragte der Bär sehnsüchtig.

»Gewiss!«, antwortete der Engel.

»Erinnerst du dich, wie der Schnee unter den Füßen geknirscht hat?«, fragte nun zur Abwechslung der Engel.

»Gewiss!«, sagte der Bär freudestrahlend.

Beide waren glücklich, dass sie endlich einen Freund gefunden hatten, mit dem sie sich vernünftig unterhalten konnten. Der Bär war jetzt ein bisschen fröhlicher als früher, er schlief nicht mehr so viel, bat den Zoodirektor sogar um Ausgang. Der Direktor kratzte sich hinterm Ohr. Er wollte nichts riskieren. Lasst mal ein zehn Zentner schweres, Fleisch fressendes Ungeheuer in der Stadt herumspazieren!

»Verbrecher dürfen schließlich sonntags auch aus dem Gefängnis auf einen Ausflug!«, bettelte der Bär.

»Ich werde persönlich auf ihn aufpassen!«, versprach der Polarengel.

Mit Freude akzeptierte der Zoodirektor die angebotene Garantie. Erwartungsvoll brachen der Polarbär und der Engel in die Stadt auf. Überall flogen Raketen in die Luft und die Leute liefen mit aufgesetzten Pappnasen herum. Es war gerade Silvester, der letzte und fröhlichste Tag im Jahr. Ein Engel, der von einem Bären begleitet wird, das ist was, Mann. Ein Hit! Die beiden erregten großes Aufsehen in der Öffentlichkeit. Im Casino gewannen sie mühelos den Wettbewerb um die beste Silvestermaske. Als ersten Preis erhielten sie eine mit Schokolade überzogene Eistorte. Die sie auf der Stelle verzehrten!

Zufällig saß dort auch ein ungemein geschickter italienischer Eisverkäufer. Der Anblick der Freundschaft zwischen dem Eisbären und dem Polarengel erregte ihn ungemein. In seinem Kopf begannen kühne geschäftliche Pläne zu kreisen.

»Ein Engel! Ein Bär! Schnee! Eisflächen! Speiseeis! Geschäft!«, krakeelte das muntere Bürschchen. Schon drückte er die beiden Freunde an sein Herz. »Das ist eine Sensation!« Da er selbst aus Norditalien stammte, konnte er sich zu Recht als Landsmann der Nordländer betrachten.

Ohne viel Zeit zu verlieren eröffneten die drei den Eissalon *Polarstern*. Von Anfang an war es dort proppenvoll. Die Gäste gaben sich die Türklinke in die Hand. Die Schuljugend, neugierige Tanten wie auch breite

Eissalon
POLARSTERN

Kreise der Öffentlichkeit strömten herbei. Alle wollten etwas Eisiges! Der Zoodirektor erwies sich als vernünftiger Mann. Er beharrte nicht auf der Rückkehr des Bären in den Käfig. Der Bär musste nur schriftlich sein Ehrenwort abgeben, niemanden aufzufressen. Im Winter verdienten sie sich auf der Eisbahn einiges dazu. Nach nur zwölf Jahren durften die beiden sogar die schweizerische Staatsbürgerschaft beantragen!

In einer frostigen Winternacht

Draußen herrschte klirrende Kälte. Vom Nachthimmel schwebten Schneeflocken, groß wie Eisportionen für fünf Mark. Der Frost hauchte Eisblumen auf die Fensterscheiben. Ins Zimmer fiel glänzender Mondschein, der keine Wärme schenkte. Im Ofen war längst das letzte Kohlenstück verglimmt. Es war kalt, dunkel und still. Mit tiefen, dröhnenden Schlägen bemaß die Uhr den Schritt der Zeit. Das Kind im Bett fühlte sich sehr bedrückt. Aus irgendeinem unbekannten Grund war seine Mutter noch nicht von der Arbeit zurück. Der Vater war vor langer Zeit irgendwohin weggezogen, die Erinnerung an ihn wurde immer blasser und unbestimmter. Das Kind war hungrig. Es rollte sich in einer Ecke des Betts zusammen. Leise wie ein Kaninchen wimmerte es.

Da ertönte aus der Küche ein unbekannter, vorsichtiger Schritt. Das Kind sah durch die halb offene Tür, dass ein Fremder mit einer kleinen Taschenlampe leuchtete. Jetzt schlüpfte die Gestalt geräuschlos ins Zimmer. Es war ein alter Einbrecher mit flacher Schildmütze. Sein Gesicht war hinter einer schwarzen Räubermaske versteckt. Munter lugten die Augen in alle Ecken. An seinem Gürtel baumelte ein Bund falscher Schlüssel.

»Irgendwo habe ich ein Kaninchen gehört!«, brummte der Dieb für sich. Kaninchen zu stehlen war seine Lieblingsarbeit. Schon leckte er sich die Lippen!

Der Einbrecher hatte sehr simple Gewohnheiten. Er öffnete mit falschen Schlüsseln fremde Wohnungen. In ein Leintuch wickelte er leise alles, was darin Platz hatte. Dann verschwand er wieder. Man muss noch hinzufügen, dass er kein besonders schlechter Mensch war. Das Einbrecherhandwerk hatte er nur erlernt, weil er auf anderen Fachgebieten keinen Erfolg hatte. Außerdem stotterte er auch noch ein bisschen. Weshalb sich einige Leute manchmal über ihn lustig machten. Als er das Kind im Bett entdeckte, erschrak er fürchterlich. Vor lauter Angst begannen seine Zähne zu klappern und seine Knie zu zittern. Es ist nicht einfach, ein Dieb zu sein!

Das Kind aber lachte. Es stellte sich im Bett auf und streckte dem Besucher vertrauensvoll die Arme entgegen. Es war so froh endlich Gesellschaft zu haben! Auch der Dieb brach schließlich aus lauter Verlegenheit in Lachen aus. Das Lachen, sagt man, ist manchmal ansteckend. Da entdeckte der Dieb in den Augen des Kindes trocknende Tränen. Er schlug die Hände über dem Kopf zusammen.

»Aber, aber!«, sagte er tadelnd. »Da hat ja jemand geweint!«

»Meine Mama ist heute nicht von der Arbeit gekommen!«, schluchzte das Kind.

»Sie kommt bald. Ganz sicher!«, versicherte der Einbrecher mit fester Stimme. »Sie hat sich nur ein bisschen verspätet, du wirst sehen.«

»Du kennst meine Mama?«, fragte das Kind erstaunt.

»Aber sicher!«, log der Einbrecher tapfer. Er wurde dabei nicht einmal rot. »Sie ist eine alte Freundin von mir.«

Die Uhr schlug wieder. Der Einbrecher zuckte zusammen.

»Na, jetzt muss ich aber wirklich gehen!«, erklärte er mit einem entschuldigenden Lächeln.

»Bitte, sag meiner Mama, sie soll schnell kommen um mir den Gutenachtkuss zu geben!«, bettelte das Kind.

»Klar! Ich werd's ihr ausrichten«, versprach der Dieb mit ungewöhnlich leiser Stimme. Er drehte sich um und wollte gehen. Weshalb er ein wenig zögerte, wusste er selbst nicht. Das Kind begann wieder herzzerreißend und leise zu wimmern. Es hatte nämlich furchtbare Angst, allein im Zimmer zu sein.

»Bitte!«, rief es dem Dieb nach. »Könntest nicht *du* mir statt der Mama den Gutenachtkuss geben?«

Mit langsamen Schritten kehrte der alte Einbrecher zurück.

»Das könnte ich«, sagte er mit erstickter Stimme. So etwas war ihm in seiner langen Diebeslaufbahn noch nie passiert! Er nahm die Räubermaske ab. Er küsste das Kind auf die Stirn, so zärtlich er konnte. Mit seiner leichten Einbrecherhand strich er ihm übers Haar. Das Kind lachte selig.

»Hahaha!«, lachte der alte Dieb mit. Da rutschte ihm plötzlich ein »Halleluja!« heraus. Der Dieb wunderte sich ungemein. So etwas hatte er gar nicht beabsichtigt. Einige Worte bilden sich im Mund von selbst, ohne dass wir Einfluss darauf haben. Manchmal sind solche unverhofften Worte viel besser als solche, die wir uns vorher sorgfältig zurechtgelegt haben.

»Halleluja?«, wunderte sich das Kind. »Hör mal, wer bist du eigentlich?«

»Ich?«, fragte der Dieb zurück. Die Frage oder wenigstens einen Teil davon zu wiederholen ist ein alter Gaunertrick, der sich bezahlt macht in Situationen, in denen man ein bisschen Zeit zum Überlegen gewinnen muss. »Wer ich bin? Ja, weißt du, ich bin ein Engel.« Er wusste überhaupt nicht, weshalb er das sagte. Er war selbst total überrascht. Er bewegte sogar die Arme ein bisschen, als wären sie Flügel.

»Ein Engelchen!«, rief das Kind vergnügt. Vor Freude hüpfte es so hoch, dass fast das Bett umgekippt wäre. »Ein richtiges Engelchen!«

Der Einbrecher legte den Bund falscher Schlüssel zur Seite, damit er ihm bei der Arbeit nicht in die Quere kam. Zuerst machte er im Ofen ein ordentliches Feuer. Dann ging er auf einen Sprung in ein Geschäft, das nachts geöffnet hatte, um sich die erlesensten Delikatessen zu holen. Er kochte ein vorzügliches Abendessen. Zuerst gab es Leberknödelsuppe. Zufällig war das die Lieblingssuppe des Kindes. Dann gebackenes Huhn mit Erbsen. Vanillepudding! Ganz zum Schluss Zwetschgenkompott. Einfach erstklassig. Nach dem Essen spülten sie gemeinsam das Geschirr. Sie verstanden sich gut und unterhielten sich über alles Mögliche.

»Hör mal, bist du wirklich ein richtiger Engel?«, fragte das Kind.

»Ja«, stieß der Einbrecher zwischen den Zähnen hervor.

»Sicher?«

»Worauf du dich verlassen kannst!«

»Hm«, sagte das Kind, »und kannst du auch fliegen?«

»Und ob!«, antwortete der Engel und lächelte unüberlegt.

»Bitte, zeig mir, wie man fliegt!«, sagte das Kind. »Ich hab noch nie einen fliegenden Engel gesehen!« Jetzt schaute das Kind sehr flehend. Es faltete sogar bittend die Hände, lief zum Fenster und öffnete es sperrangelweit. Ins Zimmer drang frostige Luft. Am Himmel prangte der Mond wie eine goldene Schüssel.

Der Einbrecher wich entsetzt zurück. Er hatte keine Lust, aus dem Fenster zu springen. Wer hätte das denn schon! Er wurde von Angst geschüttelt. Sie waren ja ganz oben unterm Dach. Im fünften Stock!

»Ich glaube, heut ist es zum Fliegen viel zu kalt!«, versuchte sich der Einbrecher herauszureden. »Können wir es nicht auf ein andermal verschieben?« Da sah er die Augen des Kindes, voller Hoffnung und Erwartung. Schon erschienen darin die ersten Spuren von Enttäuschung. Es war schrecklich lange her, dass der Dieb solche Augen gesehen hatte! Ein allein gelassenes Kind enttäuschen? Nein, das traute er sich wirklich nicht.

»Also gut!«, sagte der alte Dieb. »Ich werde aber erst morgen hierher zurückfliegen können. Erwarte mich nicht vorher!«

Dann schöpfte er tief Atem. Er nahm seinen ganzen Mut zusammen. Schloss auch die Augen. Im Geist verabschiedete er sich rasch von einigen Menschen, die er im Leben gemocht hatte. Schließlich sprang er aus dem Fenster. Sogar kopfüber! Er schnellte behände in die Tiefe, als spränge er nur ganz gewöhnlich vom Sprungbrett ins Schwimmbecken.

Vielleicht passiert ein Wunder!, fuhr es ihm durch den Kopf, als er schon flog.

Ja, tatsächlich hatte er Glück. Einige unsichtbare, aber sehr kräftige Engel hatten schon eine Zeit lang unter dem Fenster auf ihn gewartet. Der Himmel hatte die Entwicklung der Situation im Zimmer nämlich aufmerksam verfolgt. Vom obersten Herrn hatten einige Engel den Befehl bekommen, augenblicklich alles herzurichten, was in solch außergewöhnlichen Situationen vonnöten war.

»Klar, Chef!«, sagten die Engel ehrfurchtsvoll. Sie fingen den fallenden Dieb auf und flitzten mit ihm durch die frostige Winternacht. Der Dieb flatterte wie ein gewaschenes Hemd an der Wäscheleine. Herrlich segelten sie dahin. Der Dieb hatte das Gefühl, in warme Federdecken gehüllt zu sein. Einige Male flogen sie majestätisch um den Mond herum und dann wieder auf die Erde.

Lässig winkte der Dieb mit seiner Mütze zum Abschied. Um dem Kind eine Freude zu machen turnte er noch einige akrobatische Nummern.

»Flieg wieder zu mir!«, rief das Kind ihm nach.

»Darauf kannst du dich verlassen!«, versprach der Dieb. Er fürchtete sich überhaupt nicht mehr. Er hatte begriffen, dass er einem Wunder zum Opfer gefallen war. Gott weiß warum, hatte er plötzlich Lust zu weinen. Als er über der nächtlichen Landschaft schwebte und aus der Höhe all die Schönheit unter seinen Füßen sah, regte sich etwas in der Tiefe seines Wesens. Zuerst war es eine kleine, kaum wahrnehmbare Bewegung. Er versprach sich feierlich nie mehr zu stehlen. Das war das

größte Wunder, das in dieser eiskalten Winternacht geschah. Ein noch größeres als der Flug mit den Engeln! Im Himmel brummte man zufrieden. Man setzte sich die Brille auf und las erleichtert weiter.

»Ein Engel war da!«, berichtete das Kind der Mutter, als sie endlich von der Arbeit zurückkam. »Ein alter Freund von dir!«

»Ein Engel?«, wunderte sich die Mutter. Sie war schrecklich müde. »Ein alter Freund von mir, sagst du?« Sie konnte das überhaupt nicht glauben. Wer wollte sich denn heute noch auf irgendwelche Engel verlassen! Sie sah jedoch den Kochtopf mit dem Abendessen für sie. Sie sah das gespülte Geschirr und die aufgeräumte Küche. Und sie sah auch die strahlenden Augen ihres Kindes. Wer mag wohl das Feuer im Ofen gemacht haben?, fragte sie sich verwundert. Es blieb ihr nichts anderes übrig als zu glauben, dass sich auch in unseren gewöhnlichen Zeiten auf der Welt noch hin und wieder ein Engel findet!

Am nächsten Abend klingelte es. Neugierig öffnete die Mutter die Tür. Auf der Schwelle stand ein Mann mit einem Blumenstrauß. Es war der bekehrte Einbrecher! In der freien Hand drückte er verlegen seine Mütze.

»Guten Abend, gnädige Frau!«, sagte er ungewohnt höflich. Er reichte ihr den Blumenstrauß. »Das ist für Sie.«

»Guten Abend!«, sagte die Mutter freundlich. »Kommen Sie herein, alter Freund!« Sie zwinkerte ihm schelmisch zu. Der bekehrte Dieb wurde über und über rot.

Ein fantasieloser Mensch

Dies ist eine absolut wahre Geschichte. Sie ist einem Menschen unseres Städtchens zugestoßen. Es geschah vor langer Zeit, und als ich noch ein ganz kleiner Junge war, wurde unter den Leuten erregt darüber diskutiert. Der Held der Geschichte war sogar ein entfernter Cousin meines Vaters. Er wohnte zusammen mit seiner Frau in einem kleinen, im Garten versteckten Häuschen, nicht weit von uns entfernt. Eine gewöhnliche, uninteressante Familie! Das Bemerkenswerteste an ihnen war, dass sie eine wunderschöne Katze besaßen. Ich habe sogar den Familiennamen der beiden vergessen. Am Morgen fuhr der Mann im Auto zur Arbeit, am Abend kehrte er wieder zurück. Nie sagte er etwas Besonderes oder gar Lustiges, er verlor höchstens einige Worte übers Wetter.

Eines Morgens kratzte dieser Mann das Eis von seinen vereisten Autoscheiben. Dazu benutzte er einen gewöhnlichen roten Schaber für drei Franken. Über Nacht hatte der Frost die wunderlichsten Blumen und Sterne auf die Scheiben gezaubert. Mit einem einzigen Hauch! Da gab es märchenhafte Eisgärten und unter merkwürdigen Bäumen weideten noch nie gesehene Tiere. Diesem Mann war das alles egal. Er kratzte mit seinem Schaber, dass die Eissplitter davonstoben.

Mitten in einem dieser Eisgärten aber thronte ein gefrorener Engel.

»Kratz mich nicht ab!«, sprach der Engel zu dem Mann.

Der Mann wunderte sich darüber nicht. Es war nicht sein Problem, über die Daseinsberechtigung von Eisengeln nachzudenken. Sollte er etwa untersuchen, ob solch ein Geschöpf sprechen konnte? Ihm fehlte jeglicher Sinn für das Rätselhafte, er war allzu praktisch veranlagt. Aber er nahm die Bitte des Engels ernst.

»Wir werden uns etwas ausdenken!«, sagte der Mann.

Er ging die Angelegenheit sachlich an, wie ein lösbares technisches Problem. Zuerst fuhr er mit seinem Auto rasch hoch in die Berge. Der Verstand sagte ihm, dass das Eis auf der Scheibe, wenn er das Auto in der Stadt ließ, rasch mitsamt dem Engel schmelzen würde. In den kühlen Bergen war die Chance, den Engel zu erhalten, viel größer. Er überlegte praktisch, fantasielos, hielt sich an die Tatsachen. In den Bergen sprang der Engel ganz einfach vom Fenster auf das Eis eines zugefrorenen Sees. Zum Abschied reichte er dem Mann einen Flügelzipfel. Nur ganz flüchtig, er fürchtete, der Eisflügel könnte in der warmen Hand schmelzen.

»Ich danke dir«, sagte der Engel.

»Keine Ursache«, brummte der Mann.

»Du warst sehr nett zu mir«, fuhr der Engel fort. Der Mann winkte nur ab. Ein gelöstes Problem interessierte ihn nicht mehr. Der Engel verneigte sich, drehte ein paar elegante Pirouetten und fegte dann übers Eis davon, ging seinen eigenen Weg.

Doch dann geschah etwas! Aus irgendeinem Grund kam dieser Mann ins Gefängnis. Warum eigentlich, habe ich nie begriffen. Ein Justizirrtum? Wurde er zu

Unrecht verdächtigt? Oder hatte er tatsächlich ein Verbrechen begangen? Die Steuern nicht bezahlt? Aus Fahrlässigkeit einen Unfall verursacht? Für irgendein raffiniertes, wirklich interessantes Verbrechen hatte er wahrlich nicht genug Fantasie. Ich habe das verschwommene Gefühl, dass es um eine Bagatelle ging. Schließlich kann jedermann ins Gefängnis kommen, daran ist weder etwas Außerordentliches noch etwas Bewundernswertes!

Im Gefängnis war es kalt. Man heizte dort überhaupt nicht, die Heizkörper waren eisig wie die Klinke einer Kellertür. Entweder war der Heizer krank geworden oder er hatte keine Lust zu arbeiten. Er war ganz einfach nicht erschienen. Die Gefangenen zitterten unter den schäbigen Decken. Sie hauchten sich in die Hände und verfluchten leise die Gefängnisverwaltung. Im Wasserkrug auf dem Tisch bildete sich eine dünne Eisschicht. Der Atem bildete in der Luft dichte Schwaden.

Ach ja: Natürlich war auch das Fenster vereist! Der Frost war an diesem Tag besonders inspiriert. Er hatte den ganzen Himmel auf einmal aufs Glas gehaucht. Tausende Eissterne waren hier verstreut, auf einem wucherte ein Garten voller märchenhafter Bäume. Fantasietiere starrten gedankenverloren vor sich hin. Und im Garten hüpfte ungeduldig der altbekannte Engel umher!

»Also, was ist?«, fragte er den Mann augenzwinkernd. »Hauen wir ab?«

Der Mann nickte wortlos. Es schien ihm unvernünftig, weiter im Gefängnis zu bleiben, wenn sich eine gute Möglichkeit zum Weggehen bot. Zuerst kratzte er mit dem Fingernagel eine ordentliche Feile aufs vereiste Glas. Mühelos durchfeilte er damit die Gitter vor den Fenstern der Gefängniszelle. Auf ebenso einfache Weise malte der Mann mit seiner warmen Fingerspitze eine Strickleiter auf die Scheibe. So könnten sie sich sicher in den Graben abseilen, der sich ums Gefängnis zog.

Der Mann malte nur nützliche Gegenstände. Nichts Überflüssiges, ganz fantasielos, nur das, was man für die Flucht tatsächlich brauchte. Wenn der Finger nicht mehr warm genug war, steckte dieser praktische Mann ihn für einen Moment in den Mund. Ganz zum Schluss malte er ein großes Segelschiff. Sie fuhren damit zum nördlichen Eismeer.

»Ein Hoch den Eiswüsten!«, rief der Engel.

»Hoch«, bemerkte der Mann trocken.

Unser ehemaliger Nachbar ließ sich fest im Norden nieder. Man munkelte, dass er seiner Frau viel Geld schickte. Ihr Haus nannte man seit jener Zeit »Beim Gfrörli«. Man erzählte sich auch, dass dieser Mann eine Fabrik für Enteisungseinrichtungen betrieb. Die Eskimos benutzten sie in ihren Haushalten statt Kühlschränken.

Als der Gefängnisheizer endlich zur Arbeit erschien, legte er gehörig ein im Kessel. Die Gefangenen zitterten nicht mehr, hörten auf zu fluchen und krochen aus ihren Betten. Das Eis im Krug taute auf. Allerdings tauten auch die Eisblumen auf den Fenstern. Es verschwanden die wundersamen Gärten mit den geheimnisvollen Tieren, keine Spur blieb davon zurück. Auch alle Instrumente, mit deren Hilfe die Flucht in die Tat umgesetzt worden war, verschwanden. Weg war die Feile, es schmolz die Leiter, das Segelschiff kreuzte längst in sicheren Breiten.

»Das verstehe ich nicht«, erklärte der Gefängnisdirektor scharfsinnig.

Auch die Wärter zerbrachen sich vergeblich den Kopf. Sie kamen nicht darauf. Der Fall ist im *Kriminalistischen Anzeiger* ausführlich beschrieben worden. Man sprach dort von einer perfekt vorbereiteten Flucht.

Noch lange Jahre erfanden die Kriminalisten kühne Theorien, verstiegen sich in fantastische Spekulationen. Niemand ahnte, dass der so genannte perfekte Ausbrecher ein ganz gewöhnlicher Mensch ohne einen Hauch von Fantasie gewesen war.

Der Hausengel

In der Vase mitten auf dem Tisch prangte eine rote Tulpe. Sie war prachtvoll wie die Sonntagshausmütze eines Königs. Wenn sie verwelkte, brachte der Vater auf der Stelle eine neue aus dem Blumenladen. Auch dreimal die Woche.

»Da!«, sagte er und schenkte der Mutter die Tulpe.

»Lieb von dir, dass du an mich denkst«, antwortete die Mutter erfreut.

Sie errötete und glich in diesem Moment der schönen Blume. Sie stellte sie in eine Vase mit frischem Wasser, sang dabei leise und strich dem Vater über die Wange. Mit Vorliebe saß der Hausengel auf der Blume. Vielleicht sind Hausengel neben den Schutzengeln die verbreitetste Engelart. Gewöhnliche, unauffällige, nicht allzu große Engel. So etwa wie der Spatz unter den Vögeln.

Der Hausengel verließ das Haus nie. Seine Aufgabe war es, Frieden und Geborgenheit zu verbreiten. Er sorgte dafür, dass man sich zu Hause wohl fühlte. Wonnevoll machte er es sich zwischen den Blütenblättern bequem, gab sich dem Tulpenduft hin. Unter seinem Gewicht neigte sich die Blume ein wenig zur Seite. Das war der einzige Beweis, dass der Engel existierte. Für ein gewöhnliches menschliches Auge ist der Hausengel nämlich meistens unsichtbar.

Einmal stritten sich die Eltern aus irgendeinem unbegreiflichen Grund ein wenig. Es ging gewiss nicht um etwas Wichtiges. Wenigstens am Anfang nicht! Doch aus Zorn brachte der Vater keine frische Tulpe mit nach Hause.

»Du kriegst keine, wenn du so bist«, beschloss er.

»Steck sie dir an den Hut!«, sagte die Mutter. Der Vater wurde rot vor Wut. Die Mutter schnitt ein böses Gesicht.

»Du runzelst also noch die Stirn?«, sagte der Vater zornig.

So ging es jetzt in einem fort. Die Blume auf dem Tisch fehlte schrecklich. Am verzweifeltsten war der Hausengel. Vergeblich schaute er sich nach seinem Platz auf dem Tisch um. Aus Not versuchte er sich auf einen Löffel zu setzen. Da er es allzu übereilt tat und sein Gewicht falsch eingeschätzt hatte, wippte der Löffel und kippte. Ach! Die Suppe war verschüttet. Neue Ärgernisse standen bevor.

»Was machst du da?«, schrie der Vater die Mutter an.

»Ich?«, wunderte sich die Mutter.

»Natürlich! Kannst du nicht aufpassen?«

»Pass du lieber besser auf!«

Aufgeschreckt kreiste der Hausengel über dem Tisch. Vor lauter Bedauern und Schreck fasste er sich an den Kopf. Er machte sich den Vorwurf, dass alles seine Schuld sei. Am liebsten wäre er aus der Welt verschwunden. Er schämte sich so sehr, dass er sich im Salzschälchen verkroch. Ein mehr als kläglicher Einfall, wie sich sogleich herausstellte. Aus Versehen wurde er mit einer Prise Salz zwischen zwei Finger geklemmt und zu heißen

Kartoffeln auf den Teller geworfen. O weh! Der Engel hatte sich die nackten Füße verbrannt. Auf den Sohlen bildeten sich Blasen. Er versuchte darauf zu pusten, pfiff vor Schmerz.

»Was pfeifst du ständig so widerlich!«, herrschte der Vater die Mutter an.

»Du pfeifst doch selbst!«, wehrte sich die Mutter. Ähnliche Vorkommnisse waren nun an der Tagesordnung. Unerträglich mit solchen Eltern zu leben! Das Schlimmste an allem war, dass es einem Kind nicht erlaubt ist, ein noch so schlechtes Zuhause zu verlassen. Im Unterschied zu den Eltern muss ein Kind alles aushalten.

Solange die Tulpe auf dem Tisch stand, war es zu Hause so schön!, sagte sich das Kind dieser Eltern wehmütig. Es hatte als Erstes diesen merkwürdigen Zusammenhang erkannt. Die Blume war verschwunden und die Geborgenheit war verschwunden. Das Kind nahm drei Mark aus seiner Spardose. Fast sein ganzes Vermögen. Im Schweinchen blieben nur noch zehn Pfennig übrig. Für das Geld kaufte es eine dunkelrote Tulpe.

Der wundervolle, schwere Duft der Tulpe verbreitete sich im Zimmer. Alle sahen sich überrascht an, als seien sie gerade aus einem Traum erwacht.

»Wie konnte ich mich nur so aufführen!«, sagte der Vater reumütig.

Die Eltern lächelten einander zu. Mit dem Tulpenduft verbreitete sich im Zimmer Geborgenheit. Auch der Engel kehrte wieder an seinen Platz zurück. Als er sich zufrieden auf der Tulpe niederließ, neigte sich die

Blume langsam, aber sichtbar auf eine Seite. Vor aller Augen! Das erweckte allgemeine Verwunderung. Alle begriffen und sahen es auch, dass sie hier nicht allein waren. Es war klar, dass noch jemand bei ihnen war. Ihre Welt wurde von einem unsichtbaren Wesen beseelt, von dessen Gegenwart sie bisher nichts geahnt hatten. Sie fingen an sich untereinander wieder anständiger zu betragen.

»Fürwahr! Wir werden uns vor Fremden nicht von unserer schlechten Seite zeigen!«, sagte der Vater spaßend, aber mit einer Gänsehaut. Es war offensichtlich, dass sie sich in der erhabensten Gesellschaft befanden. Nie mehr durfte die Blume auf dem Tisch fehlen. Für das häusliche Glück war sie absolut unverzichtbar.

Zwei alte Damen

Zwei alte Damen fuhren eines Sonntags in der Familienlimousine auf einen ganztägigen Ausflug. Es war ein Ford Jahrgang 1927, ein eleganter Veteran im Kutschenstil. Die eine Dame lenkte den Wagen, die andere setzte bei Bedarf den Scheibenwischer auf der Windschutzscheibe in Gang. Wenn sie nach links abbogen, drückte die zweite Dame einen Knopf und löste so den Winker. Nach rechts bogen die Damen nie ab. In Rechtskurven wurde ihnen schwindelig. Die Damen trugen reizende Strohhüte mit Autoschleiern. Solche Hüte waren vor über sechzig Jahren Mode. Während der Fahrt flatterten die Schleier unternehmungslustig. Auf dem Hintersitz duftete in einem geflochtenen Korb lieblich ein gebackenes Huhn. Im Korb lagen auch noch ein Stück Käse, französisches Weißbrot, eine kleine Flasche Wein. Die Damen beabsichtigten den Ausflug mit einem Picknick im Grünen zu beenden.

Alle Leute sahen dem Auto mit den alten Damen lächelnd nach. Das Wetter war herrlich. Der polierte Wagen glänzte. Der Motor lief leise wie ein Spinnrad. Das Picknick in der freien Natur ging mehr als zufrieden stellend vonstatten. Die Damen hatten das Huhn schon zerlegt und sie öffneten gerade die Weinflasche, als sich aus dem Wald unerwartet zwei Räuber auf sie stürzten.

»Das ist ein Raubüberfall!«, riefen sie den Damen noch im Laufen mit ihren heiseren Räuberstimmen zu. »Ach!«, stöhnte die Dame, die den Wagen gefahren hatte. »Sie ungeschickter Mensch! Sie haben die Kaffeetasse umgekippt!«

»Mörder!«, rief die andere Dame. Sie brach in Tränen aus und wäre fast in Ohnmacht gefallen. Die Räuber hatten nämlich absichtlich ihren Strohhut zertrampelt. »Wie benehmen Sie sich anständigen Menschen gegenüber?«

Die Verbrecher hielten sich nicht mit irgendwelchen langwierigen Erklärungen auf. Feindselig grinsten sie den Damen direkt ins Gesicht. Rücksichtslos traten sie mit den Schuhen auf das im Gras ausgebreitete Tischtuch. Einer der beiden hatte offensichtlich einen miserablen Charakter. Er streckte den alten Damen die Zunge heraus und äffte sie nach um sie lächerlich zu machen. Die alten Damen zitterten vor Entsetzen.

»Keinen Mucks mehr!«, zischte der gefährlichere Räuber durch die Zähne. »Oder ich zerreiß dir dieses dämliche Mückennetz!« Er griff mit seinen Pratzen nach dem Schleier. Ein ausgemachter Kannibale!

Vor lauter Angst hatten die Damen die Sprache verloren. Dieser Mensch hatte sich ihnen nicht einmal vorgestellt. Er hatte sie geduzt ohne um Erlaubnis zu fragen! Der andere saß bereits hinter dem Lenkrad ihres Automobils. Der Motor sprang an. Eigensinnig setzte der Gauner den Scheibenwischer in Gang, obwohl es gar nicht regnete. Er spielte mutwillig mit den Winkern. Er hupte sogar, obwohl ihm das Auto überhaupt nicht gehörte!

»Au revoir à Paris!«, rief der Räuber. Sein Kollege hatte inzwischen alle Delikatessen in den Korb geworfen. Die Weinflasche vergaß er schon gar nicht. Mit ungewöhnlich ekligem Grinsen streifte er den Damen die goldenen Ringe von den Fingern. Er riss ihnen die Ketten mit den Kreuzchen vom Hals, die sie als Säuglinge bei der Taufe bekommen hatten. Aus den Handtaschen stahl er ihnen Geld und Reisedokumente.

Brr! Eine widerliche Arbeit, ein Räuber zu sein!, dachten sich die Damen. Sie bekamen eine Gänsehaut. Das Schlimmste war, dass die Räuber auch das Familienalbum mit den Hochzeitsfotos ihres Großvaters einsteckten. Die Damen hatten es sich nach dem Picknick anschauen wollen. Sie schrien jämmerlich, doch das Auto hatte sich schon aus dem Staub gemacht. Übrig geblieben war nur ein wenig Qualm aus dem Auspuff. Die Damen waren nicht einmal mehr in der Lage zu weinen. Sie stierten nur entsetzt vor sich hin. Es schien ihnen, als sei der Weltuntergang da.

Im Himmel verfolgte man diese geschmacklose Angelegenheit mit größtem Abscheu. Einige Engel spuckten aus vor Empörung. Eine schwächere Engelnatur wurde beim Anblick dieses Verbrechens sogar ohnmächtig. Viele andere mussten sich mit einem Flügel die Augen bedecken, damit es ihnen nicht genauso erging. Natürlich gibt es brutalere Verbrechen, aber zwei alten Damen den Ausflug zu verderben, auf den sie sich so lange gefreut hatten, nein, das war wirklich abstoßend!

Der gelbe Autobahnengel, zu dessen Revier der Fall gehörte, zitterte vor Ungeduld schon wie ein Pferd vor dem Rennen. Der Herr der Engel nickte mit finsterer

Miene. Der gelbe Engel setzte sich in seinen Dienstwagen. Er startete so rasant, dass er die erste Kreuzung sogar bei Rot überfuhr. Das stimmte ihn noch missmutiger.

»Ich will euch lehren zu stehlen!«, brummte der Engel.

Zuerst war es nötig, die beiden alten Damen zu beruhigen. Der Engel lieh ihnen ein sauberes Taschentuch, damit sie sich schnäuzen und die Tränen abwischen konnten. Er begleitete sie in ein Kaffeehaus des nahe gelegenen Städtchens, wo die alten Damen sich auf der Toilette die zerzausten Haare frisierten. Aus dem Dienstbudget bestellte er ihnen zur Stärkung echten französischen Cognac.

»Sie sind so nett«, sagte die erste Dame mit schwacher Stimme.

»Wir sind Ihnen so dankbar!«, fuhr die zweite fort.

»Gottes Mühlen mahlen langsam, aber zuverlässig!«, sagte der Engel mit überzeugend inniger Stimme. Allmählich fassten die Damen sich wieder. Die eine lächelte sogar schwach. Dann machte der Engel mit seinem Flügel eine einzige Zauberbewegung, durch die er den Räubern vollkommen die Sinne verwirrte.

Als die Räuber hinter einem Wald in Sicherheit waren, labten sie sich an den erbeuteten Köstlichkeiten. Mit großen Augen genehmigten sie sich einen Schluck. So gut war es ihnen noch nie ergangen! Mit schrecklich schmierigen Fingern blätterten sie im wertvollen Familienalbum. Absichtlich schnippten sie Krümel auf die kostbaren alten Fotos. Gerade berührten sie mit ihren fettigen Zeigefingern ein Bild, auf dem der Großvater

der beiden alten Damen seiner Braut den ersten Ehe-
kuss gab. Da traf die Geistesverwirrung sie wie ein Blitz.
»Diese alte Paprikaschote gafft wie eine Sau aus den
Brennnesseln!«, wollte ein Räuber auf Großvaters
Kosten krächzen. Stattdessen sagte er wohlerzogen: »Ein
sympathischer alter Herr.«
Der zweite Räuber verschluckte sich fast vor Vergnügen. »Was quatschst du da?«, wollte er seinen alten Kum-
pel anschreien. Stattdessen sprach er mit ruhiger, be-
sonnener Stimme: »Wir sollten uns ein Beispiel an ihm
nehmen.«
Sie schauten sich verdutzt an. Was sie mit ihren
neuen Augen sahen, freute sie nicht. Zum ersten Mal im
Leben erblickten sie die ungeschminkte Wahrheit; es
war, als wären ihnen Schuppen von den Augen gefallen.
Plötzlich sahen sie ihre Spitzbubengesichter mit den
groben Gaunerzügen. Ihre noch nie gekämmten Haare.
Beschämt musterten sie den Schmutz unter ihren Fin-
gernägeln. Wie unordentlich ihre Kleidung doch war!
Wie lange hatte keine Bürste ihr Schuhwerk berührt!
Schmutz, Gestank, Dreck, Nutzlosigkeit! Die Krägen
ihrer Hemden schrien traurig nach der Wäscherei, sie
waren genauso schwarz wie ihre Seelen!
Tief betrübt legten sie die ungegessenen Leckerbissen in den Korb zurück. Mit dem sauberen Taschentuch, das sie in der Handtasche gefunden hatten, wisch-
ten sie die Fettflecken von den Fotografien. Sorgfältig
klopften sie die Krümel vom Tischtuch und legten es
auf den Hintersitz des Automobils. Sie schämten sich
einander in die Augen zu schauen.
Langsam, als führte jemand sie an der Hand, fuhren

die Räuber zum Kaffeehaus. Dort wurden sie schon lange erwartet. Mit hängenden Köpfen traten die beiden Räuber vor die alten Damen. Laut bereuten sie ihre Untat. In ihren Augen standen Tränen ehrlichen Bedauerns. Sie versprachen nicht nur den begangenen Schaden wieder gutzumachen, sondern auch noch in Zukunft ein geordnetes Leben zu führen!

»Wir werden uns vor Verbrechen hüten!«, drang es aus der zugeschnürten Kehle des älteren Verbrechers. Jetzt brach er in aufrichtiges Weinen aus. Die Tränen spritzten drei Schritte weit! Mit ihren schmutzigen Händen gaben sie den Damen das Familienalbum zurück, ebenso den Korb mit den Esswaren sowie alle anderen geraubten Dinge.

Aus erzieherischen Gründen redete der Engel mit zorniger, lauter Stimme auf die reuigen Verbrecher ein. Einige unbeteiligte Kaffeehausgäste sahen von ihren Tischen auf, was denn da vor sich gehe. Der Engel sprach überzeugend von der ewigen Verdammnis und den Flammen der Hölle. Ohne dass er es sich gewünscht hatte, führte er auch den Kellner auf den Weg der Besserung: Als der arme Kerl von diesen Gräueln hörte, bekam er ebenfalls Angst und hörte augenblicklich auf zu Ungunsten der Gäste Fehler in die Rechnungen zu schmuggeln.

»Habt ihr verstanden?«, fragte der Engel zum Schluss.

»Bitte sehr, wir haben verstanden«, flüsterten die Räuber.

Die gutherzigen Damen setzten sich noch für die Lumpen ein. Sie sagten, man solle es mit diesen Nichtsnutzen noch mal probieren, da bei gutem Willen eine

Besserung fast immer möglich sei. Mitfühlend meinten sie, dass sie selbst nicht in einem Kessel für Sünder schmachten möchten und es deshalb auch anderen Menschen nicht wünschten.

»Mir scheint, sie haben einen guten Kern«, sagte die Dame, die den Wagen gefahren hatte. Sie lächelte den Lumpen sogar aufmunternd zu. Die andere nickte schweigend zum Zeichen der Zustimmung.

»Also gut!«, willigte der Engel schließlich ein. »Aber sie müssen sich zuerst die Pfoten waschen.«

Die Räuber eilten um die Wette zur Toilette. Sie ließen die Hände im Wasser planschen wie Enten. Voll Freude erzählten sie vom nächsten, besseren Leben ohne Verbrechen. Der Ober lieh ihnen wohlgeneigt ein Stück Seife. Er brachte ihnen sogar ein extra Handtuch. Und er empfahl ihnen für die Zukunft sein Kaffeehaus.

Als die auf Dauer bekehrten Räuber aus der Toilette kamen, glänzten sie wie Zuckerstücke. Ihre Augen waren noch ein bisschen verweint, sie schnieften, auf ihrem Gesicht jedoch breitete sich ein erstes schüchternes Lächeln der Freundschaft aus. Sie setzten sich an ein Tischchen, bekamen Wiener Kaffee mit Schlagsahne. Jetzt durften sie in Ruhe das Familienalbum betrachten.

»Unser Großvater war ein beispielhafter Mann!«, erklärten die Damen. Es war jetzt einfach, in den ehemaligen Räubern den ehrgeizigen Wunsch zu wecken, dem Großvater wenigstens ein bisschen ähnlich zu werden.

Zufrieden kehrte der Engel in den Himmel zurück. Dort schlief alles längst. Er zog sich die Pantoffeln an und trug den erledigten Fall ins Meldebuch ein. Er rief in der Hölle an, dass der angekündigte Zuwachs nicht eintreffen werde. Die bekehrten Räuber knüpften mit den alten Damen eine treue Freundschaft. Regelmäßig halfen sie ihnen bei den Gartenarbeiten. Manchmal durften sie sogar mit ihnen auf einen Ausflug. Ein Räuber lenkte, eine Dame betätigte den Scheibenwischer. Beim nächsten Mal war es umgekehrt.

Das Ende der Rheinpiraten

In den Stromschnellen des alten Rheinbetts unweit Kembs tauchten einmal einige Jungen. Sie suchten Flussmuscheln. Und sie forschten auch nach alten versunkenen Dingen, die vielleicht schon hundert Jahre im Wasser lagen. An diesem Tag hatten sie außerordentlichen Erfolg. Der erste Junge fand einen herrlich rostigen Säbel.

»Er geht einigermaßen!«, sagten die anderen neidisch.

Der zweite Junge konnte mit einem Tonkrug prahlen, wie sie in alten Zeiten verwendet wurden. Der lange Aufenthalt im Wasser hatte dem Krug eine wunderschön altmodische Patina verliehen. Wenn man das Ohr daran presste, konnte man im Innern ein geheimnisvolles Brausen hören.

»Schade, dass er gesprungen ist!«, sagten die andern grinsend.

Der dritte Junge fischte eine Kette aus dem Wasser, die dick war wie ein Menschenarm. Das andere Ende verlor sich im morastigen Grund des Flusses. Es sah gefährlich aus. Vom Morast stiegen merkwürdige Luftbläschen zum Wasserspiegel empor.

»Lass sie lieber dort!«, meinten die andern zuerst, halfen ihm dann aber doch die Kette herauszuziehen. Hau ruck! Jetzt! Zuerst drangen Schlammwirbel an die

Oberfläche. Dann kam unter Furcht erregendem Plätschern und Glucksen ein unzerstörtes Piratenschiff zum Vorschein. Es hatte ganze dreihundert Jahre unter dem Wasser gelegen. Umwachsen von Schlinggras und Wassermoos sah es eher wie das Nest eines Meerteufels aus. Angewidert spuckten die Piraten Wasser. »Brr!«, schrien sie. Sie zwinkerten im Sonnenlicht wie aufgewachte Eulen. Auf einem Bein hüpften sie übers Deck und versuchten sich das Wasser aus den Ohren zu schütteln. Sie tranken Schnaps aus Flachmännern. »Der zieht!«, riefen die Piraten zufrieden. Zur Sicherheit nahmen sie noch einen Schluck. Interessiert schauten sie sich in der Gegend um. Was sie sahen, erfüllte sie mit Genugtuung. Um sie herum erstreckte sich eine reiche Gegend, die sich gut zum Rauben und Plündern eignete!

»Sapperlot!«, fluchte der Piratenanführer hässlich. Bald flogen die schlimmsten Flüche durch die Luft. Die Piraten hatten sich im Laufe der dreihundert Jahre unter Wasser überhaupt nicht gebessert. Im Gegenteil! Die Lust, neue Untaten zu begehen, hatte sich in ihnen angestaut. Sie zitterten geradezu vor Erwartung, rasch wieder ein Räuberleben führen zu können. Sobald das nasse Schießpulver in ihren Pistolen getrocknet war, hissten sie die schwarze Piratenflagge mit dem Totenkopf und den gekreuzten Menschenknochen.

»An die Arbeit!«, befahl der Piratenanführer. Begeistert machte die Mannschaft sich wie ehedem ans Werk. Unter Indianergebrüll fingen die Piraten an Leute ins Wasser zu werfen, die sich friedlich auf den flachen Uferfelsen sonnten. Sie schämten sich nicht einmal die alten Frauen anzuspritzen, die am Ufer entlangspazierten! Unverfroren machten sie sich daran, fremde Dinge an sich zu nehmen.

»Gib her!«, schrien sie.

Sie nahmen den Leuten Armbanduhren ab und hängten sie sich aus Unerfahrenheit statt Ohrringen an die Ohren. Sie flitzten auf gestohlenen Fahrrädern davon, das konnten sie sofort ohne es lernen zu müssen, denn Piraten sind unheimlich intelligent. Manchmal sogar schlauer als Dorfgendarmen! Sie klingelten wie verrückt und konnten davon nicht genug bekommen.

»Toll!«, freuten sich die Piraten. Sie raubten und wähnten sich im Piratenparadies. Sie nahmen sogar die Würste vom Rost, die kleine Kinder über dem Feuer grillten. Einem alten Fischer tranken sie das Bier aus, das er zum Kühlen in den Fluss gestellt hatte. Der alte Mann war ganz entsetzt über diese Unverschämtheit.

»Meine Herren, ich mache Sie darauf aufmerksam, dass Sie ein Verbrechen begehen!«, rief er aufgebracht.

»Na und?«, antworteten die Piraten kaltblütig. Sie drückten ihm zum Spaß die Mütze bis über die Ohren, riefen ihm zu, es sei schon Abend, Zeit, ins Bett zu gehen, und wünschten ihm eine gute Nacht. Zufrieden rülpsten sie laut ohne sich die Hand vor den Mund zu halten.

Auf dem gesunkenen Schiff war aber noch jemand: der Piratenengel persönlich. Er sah auch aus wie ein Pirat. Er hatte nur ein Auge, das andere war von einem schwarzen Band bedeckt. Um den Kopf hatte er ein Piratenkopftuch gebunden. Das eine Bein war nach altem Piratenbrauch aus Holz und selbstverständlich hatte er nur einen Flügel.

Sein Herz jedoch war anders. Ganz anders als die Herzen der Piraten. Nur im Himmel weiß man möglicherweise, weshalb die Piraten ihn mit sich schleppten. Also, so geht das nicht!, sagte sich der Engel.

Als er den Unsinn sah, den die Schiffsmannschaft auf der Wiese am Fluss veranstaltete, knickte sein Holzbein ein vor Bedauern. Und natürlich auch vor Wut! Schon machte er sich daran, einen Blitz loszuschicken, damit ein Loch unter die Ladelinie des Schiffs zu schlagen und es wieder auf den Grund des Rheins zurückzuschicken, als das Töchterchen des Piratenanführers im Wachkorb auf dem Mast aufwachte. Ein liebes Kind! Es sah ein wenig aus wie eine Meerjungfrau, nur gerade die Flossen und der Fischschwanz fehlten ihm. Das goldene Haar jedoch reichte richtigerweise bis zum Gürtel und auf der Stirn klebte eine silberne Fischschuppe.

»Papa!«, rief die Piratentochter.

Der alte Piratenanführer ließ das Plündern sofort sein. Sorgenvoll kletterte er zum Wachkorb hinauf zu seinem Kind.

»Hast du ein wenig geschlafen?«, fragte er.

»Ein wenig!«, seufzte das Piratentöchterchen. Der alte Pirat drückte es liebevoll an sein Herz. Seine Räuberaugen schlossen sich vor lauter Wonne und Vaterliebe.

Dieses Kind kann ich doch nicht ertrinken lassen!, dachte der Engel erschrocken. Ich lass die Piraten noch eine Weile gewähren, damit sie sich austoben. Was kann ich anderes erwarten von Leuten, die außer Piraterei, Schnaps und schlechtem Leben nichts kennen und

zudem die letzten dreihundert Jahre im Wasser verbracht haben?

Sanft blies er von fern in die Haare des Piratentöchterchens. Die goldenen Haare wehten eine Weile um den Kopf des Kindes wie ein Heiligenschein. Als sie sich endlich wieder legten, machte sich auch am Flussufer unerwartet Ruhe breit.

Es stellte sich heraus, dass die Piraten im Grunde genommen doch gut waren. Zwar waren sie gegen ihre angebotene Güte sehr widerstandsfähig; lange konnten sie sich aber dagegen nicht wehren. Als sie genug Ulk getrieben hatten, gaben sie den Leuten nach und nach alles wieder zurück. Statt der aufgegessenen Würste und des ausgetrunkenen Biers schenkten sie ihnen mittelalterliche Rheintaler. Manch ein Bestohlener bekam sogar noch mehr, als er verloren hatte.

Zwischen Piraten und Bevölkerung fand eine große Verbrüderung statt. Die Ausflügler tauschten gewöhnliche Gebrauchsgegenstände gegen Diamantenschmuck. Einen Bleistiftspitzer aus Plastik gegen eine Perlenhalskette, einen Hut voll Goldstücke gegen einen gewöhnlichen Emailnachttopf. Großes Interesse der Piraten weckten zusammenklappbare Regenschirme. Die Goldstücke rollten in Hülle und Fülle, aber den Piraten war das egal. Unter Deck hatten sie davon noch Berge. Schließlich war ein blecherner Wecker für sie eine größere Kostbarkeit als ein Kristallkelch, der aus ihrer Sicht eine ganz ordinäre Sache war.

»Da! Komm her! Nimm mehr!« Solch freundliche Worte schwirrten durch die Luft. Dem alten Fischer schütteten die Piraten die ganze Mütze voll Gold und schließlich gingen sie selbst zum Ausflugsrestaurant um ihm ein neues Bier zu holen.

»Mein Bier war aber schön gekühlt!«, maulte der Fischer. Also steckten sie ihm noch ein bisschen Gold in die Tasche und baten ihn abermals ihnen nicht böse zu sein.

Als das Spektakel endlich vorbei war, befahl der Piratenanführer seiner Mannschaft als Erstes mit Reisbürsten das Schiffsdeck zu schrubben. Als alles nur so blitzte, luden sie die Öffentlichkeit zu einer Schiffsbesichtigung ein. Sie ließen Kanonenschüsse los und zeigten, wie die abgefeuerten Kugeln aufs Wasser klatschten. Sie führten die Haken vor, mit denen feindliche Schiffe gekapert worden waren. Und sie zeigten sogar die geheimen Landkarten mit den eingezeichneten Schätzen, aber die Leute mussten sich zuerst verpflichten die Lage der Irateninseln niemandem zu verraten.

»Keiner braucht zu wissen, wo der Zaster vergraben ist!«, sagte der Piratenanführer geheimnistuerisch.

»Natürlich nicht!«, pflichteten die Leute bei.

Am Abend brannte am Ufer des Rheins ein Scheiterhaufen. Nach Piratenbrauch wurde ein ganzer Ochse auf einmal gebraten. Diesmal war es aber kein gestohlener, sondern ein für Rheintaler ordnungsgemäß gekaufter. Der Bauer lobpries die Piraten. Als Zugabe ließ er ein Fass trockenen Rheinwein aus seinem Keller rollen. Sie saßen beisammen und tranken bis in den Morgen hinein.

Die Piraten fanden Arbeit als Fährleute. Schließlich mussten sie sich mit etwas Anständigem den Lebensunterhalt verdienen. Sie schifften die Leute von Deutschland nach Frankreich und wieder zurück. Auf beiden Seiten des Flusses waren sie sehr beliebt.

»Die Piraten sind meine Freunde!«, sagten viele und bald war dieser Satz fast ein volkstümliches Sprichwort geworden. Aus geschäftlichen Gründen behielten sie ihre Piratenkleider, doch die Flagge mit dem Totenkopf hissten sie lieber nicht mehr. Das Steuer des Schiffs hielt zur Sicherheit der Engel in der Hand. Damit die Schiffer nicht unnötigerweise in Versuchung geführt wurden! Ich fuhr einmal mit und passte extra auf, ob die Piraten deutsch oder französisch sprachen. Sie verständigten sich auf Elsässisch!

Gottes Mühlen

Unsere Familie hatte einst eine schrecklich unangenehme Nachbarin. Sie war eine einsame alte Frau. Ich glaube, sie hat sich außerordentlich gelangweilt. Sie wohnte in der Wohnung direkt unter uns. Zählte jeden etwas lauteren Schritt. Sich mit ihr zu verständigen war das Gleiche wie mit einem Kohlenhaufen zu reden. Außerdem sah sie auch so aus.

»Ihre Kinder trampeln schon wieder!«, rief sie mich an einem Mittwochvormittag an, als alle Kinder in der Schule waren.

»Entschuldigen Sie! Die Kinder sind nicht zu Hause«, verwahrte ich mich.

»Dann hüpfen wahrscheinlich Sie selbst herum«, sagte sie hinterhältig.

»Ich fürchte, Sie irren sich!«, antwortete ich wohlerzogen.

»Ich irre mich nie!«, schrie sie aufgebracht. Fast wäre mir über diesem Schrei der Hörer aus der Hand gefallen. Den ganzen Tag über hatte ich deswegen schlechte Laune.

Ein andermal kam sie um halb drei in der Früh angerannt. Sie trommelte an die Tür wie verrückt. Ihr Haar war vollkommen zerzaust. Sie trug nur gerade das Nachthemd. Es sah alles gar nicht nach einem gutnachbarlichen Gespräch aus!

75

»Gerade hat bei Ihnen jemand die Toilette gespült!«, schrie sie. Es war ihr völlig egal, dass sie das ganze Haus weckte. Vor lauter Wut bekam sie winzige Schweinsäuglein.

»Gute Frau!«, sagte ich versöhnlich. »Dürfen wir etwa die Toilette nicht benutzen?« Meine Zugänglichkeit brachte sie in Verlegenheit. Aber nur für ein Weilchen.

»Das dürfen Sie«, sagte sie, »aber nicht in der Nacht!« Manchmal erschreckte sie die Kinder teuflisch.

»Wenn mein kostbarer Kristalllüster von der Decke fällt, müsst ihr ihn bezahlen!«, erklärte sie ihnen im Treppenhaus. »Ihr werdet nie mehr genug Geld für ein Eis haben! Außerdem wird euer Vater deswegen ins Gefängnis kommen.«

Die Kinder schlichen wie Mäuse die Wand entlang an ihrer Wohnung vorbei. Beharrlich schrieb sie Beschwerden an den Hausbesitzer. Nach dem, wie sie uns darin schilderte, waren wir keine anständige Familie, eher eine Horde Mammutjäger. Sie stellte uns die raffiniertesten Fallen um uns schlechtes Benehmen nachzuweisen. Im Treppenhaus fantasierte sie laut über unsere Bestrafung. Sie gab vor durch unsere Schuld zu Schaden an ihrem Besitz gekommen zu sein. Sie behauptete sogar, wir würden nachts unsere Schuhe an der Fußmatte vor ihrer Wohnungstür abstreifen! Ihre quakende Stimme begleitete uns unermüdlich durch unser Leben. Wir konnten nicht verstehen, was sie eigentlich gegen uns hatte. Die Kinder behaupteten, sie sei ganz einfach eine Hexe.

»Es gibt keine Hexen!«, sagte ich.

»Es gibt sie«, sagte mein Sohn.

»Dann zeig sie mir!«, verlangte ich.

Der Sohn lächelte nur traurig. »Geh einen Stock tiefer und schau nach!«

Einmal hatten wir die Schnauze voll. Wir gaben in einer Zeitung eine Annonce auf: »Anständige Familie mit kleinen Kindern sucht schöne Wohnung.« Das Wort *anständig* ließen wir für den doppelten Betrag fett drucken, damit es so wahrheitsgetreu wie nur möglich aussah. Wir bekamen keine einzige Antwort. Wie es schien, sind Familien mit kleinen Kindern bei Hausbesitzern nicht besonders beliebt. Offensichtlich mussten wir uns an die Qualen mit unserer Nachbarin gewöhnen.

Eines Abends klopfte jemand ganz leise an unsere Wohnungstür. Auf der Schwelle stand lächelnd ein eleganter junger Mann. Unter dem Arm trug er eine schwarze Aktenmappe.

»Gottes Mühlen Versicherung!«, stellte er sich vor.

Verlegen forderten wir ihn auf einzutreten, erklärten ihm aber sogleich, dass wir einstweilen keine neue Versicherung bräuchten. Beruhigend legte er mir die Hand auf die Schulter. In diesem Moment spürte ich, wie ein unbeschreibliches Gefühl der Ruhe und des Friedens in mich strömte.

»Wir wissen alles«, sagte er, »wir sind perfekt darüber informiert, was Sie brauchen.« Anerkennend schritt er durchs Wohnzimmer, er schaute kurz aus dem Fenster, lobte die schöne Aussicht.

»Eine so schöne und billige Wohnung werden Sie doch nicht wegen irgendeiner verschrobenen Oma aufgeben!«, verkündete er im unnachgiebigen Tonfall von

Versicherungsagenten. Dies freilich konnte man nur bejahen.

»Ich hätte einen Verbesserungsvorschlag!«, sagte er. Mit einigen kurzen Sätzen flüsterte er mir ins Ohr, was er sich vorstellte. Ungläubig schüttelte ich den Kopf. Ich wollte nicht glauben, dass ein solcher Plan Aussicht auf Erfolg haben könnte.

»Gottes Mühlen mahlen langsam, aber sicher!«, sagte er lächelnd.

»Glauben Sie?«, fragte ich.

»Drei Nächte!«, sagte er. Er streckte drei Finger in die Luft. Schüttelte sie. »Drei Nächte, und alles wird in Ordnung sein. Ohne Geschrei und Gewalt!«

»Hm«, brummte ich verlegen. »Das ist zwar sehr nett von Ihnen. Ich bedanke mich, aber wir haben, wie Sie wissen ... das Geld ...«

»Das macht nichts!«, rief der junge Mann. »Wir wollen nichts dafür! Die Gottes Mühlen Versicherung arbeitet völlig umsonst für ihre Kunden. Geld spielt für uns überhaupt keine Rolle!«

Ehrlich gesagt war mir die Sache auf einmal suspekt. Ich traue Menschen nicht, die mir nur so mir nichts dir nichts helfen wollen, ohne Gegenleistung. Aus Erfahrung weiß ich, dass solche Dienste einen im Nachhinein immer ungewöhnlich teuer zu stehen kommen. Der junge Mann erriet sofort, was mir vermutlich durch den Kopf ging.

»Schauen Sie!«, sagte er leise. Er knöpfte sein Hemd am Hals ein wenig auf. Statt menschlicher Haut waren dort schneeweiße Federchen zu sehen. Dann drehte er mir den Rücken zu.

»Fassen Sie an!«, schlug er verschwörerisch vor. Behutsam berührte ich ihn. Das verschlug mir endgültig den Atem. Unter der Jacke ertastete ich deutlich hervorstehende Flügel.

»Also was?«, fragte der junge Mann siegesbewusst. »Fühlen Sie es?«

»Entschuldigen Sie!«, stotterte ich betreten. »Sie geruhen ein Engel zu sein?«

»So ein bisschen«, sagte der junge Mann bescheiden.

»Wird das aber nicht gesetzeswidrig sein?«, fragte meine Frau noch besorgt.

In der Tür drehte er sich um. »Gute Frau«, erklärte er, »wir im Himmel haben ein etwas anderes Gesetzbuch. Mit dem euren kämen wir, glaube ich, nicht gerade weit.«

Der Plan des Engels war verblüffend einfach: Er schickte dieser Alten ein nächtliches Schnarchen. Die Ärmste schnarchte in der Nacht so laut, dass sie darüber selbst aufwachte. Der Engel saß derweil in unserem Wohnzimmer am Telefon. Schon wählte er ihre Nummer.

»Wer ist da?«, ertönte eine verschlafene Stimme.

»Wir«, sagte der Engel einfach.

»Was wollen Sie?«, fragte die Nachbarin erschrocken.

»Verehrte Frau!«, begann der Engel auf sie einzureden. »Leider schnarchen Sie unglaublich laut. Wie ein Wolf! Unser Geschirr im Schrank klirrt. Es handelt sich dabei um altes venezianisches Glas. Wenn die Gläser zerspringen, werden Sie leider alles bezahlen müssen!«

Die Nachbarin schloss bis zum Morgen kein Auge mehr. Wir hörten, wie sie aufgeregt in der Küche hin und her ging. Das war in der ersten Nacht. In der zweiten holte der Engel den städtischen Lärmschutzbeauftragten. Er ließ den Lärmpegel amtlich messen. Der Beamte berechnete zwanzig Dezibel mehr, als die Norm zuließ. Zufrieden rieb sich der Engel die Hände. Er griff nach dem Telefon, teilte der Nachbarin das Ergebnis der Messung mit, äußerte Sorgen um die Zukunft.

»Wollen Sie nicht zufällig umziehen?«, fragte er beiläufig.

Schon in der dritten Nacht herrschte Ruhe. Kurz nach zehn Uhr abends klopfte die Nachbarin sachte an unsere Tür. Wir ließen sie eine Weile warten.

»Waffenstillstand!«, bat sie. »Ich ergebe mich! Sie haben gewonnen!«

Wir luden sie in unsere Wohnung ein. Eigentlich tat sie uns jetzt eher Leid. Wir einigten uns über die Kapitulationsbedingungen. Sie musste augenblicklich alle ihre Beschwerden zurücknehmen. Sie entschuldigte sich für das Unrecht, das sie uns angetan hatte. Sie versprach die Kinder nicht mehr zu erschrecken. Zwar wurden wir nicht gerade Freunde, aber seit der Zeit kamen wir recht gut und problemlos miteinander aus. Meine Frau pflegte sie sogar, als sie krank wurde. Damit ich es nicht vergesse: Von Zeit zu Zeit treffe ich diesen Engel in der Stadt. Flink fliegt er auf dem Gehsteig an mir vorbei. Die Aktentasche unterm Arm, rast er irgendwohin. Und immer grinst er mich aufmunternd an.

Ein Irrtum

Eine sehr alte, verlassene Dame beschäftigte sich schon lange mit dem Gedanken, sich ein Tierchen anzuschaffen. Nur damit ich nicht immer so allein bin!, sagte sie sich. Zuerst dachte sie schüchtern an einen Hamster, später kam sie jedoch zum Schluss, dass ein Papagei das Beste wäre. Es fiel ihr ein, dass sie dem Papagei später vielleicht das Sprechen beibringen könnte. Wir werden uns schön unterhalten!, dachte sie entzückt. Ihre Greisenwangen brannten schon vor lauter Freude. Sie konnte an nichts anderes mehr denken.

Zuerst ging die Dame wie zufällig an einem Laden vorbei, in dem mit allerlei lebendem Getier gehandelt wurde. *Raubtiere und Schlangen* stand auf dem Firmenschild. Unauffällig lugte sie nur so aus einem Augenwinkel ins Schaufenster. Sie erblickte Goldfischchen in einem Aquarium. Einen Hamster, der zu einem kleinen Knäuel zusammengerollt schlief. Ja! Dort stand auch ein Käfig mit irgendwelchem Federtier. Das Herz der Dame hüpfte vor Freude. Als sie zum dritten Mal ins Schaufenster schaute, streckte der Ladenbesitzer wie eine Schlange den Kopf aus der Tür. Munter ließ er seine Äuglein rollen. Er sah jetzt selbst aus wie ein feilgebotenes Tier!

»Küss die Hand!«, schnatterte der Raubtierhändler.

Von Hause aus war er eigentlich Herrenfriseur. Es war

für ihn eine Kleinigkeit, mit Kunden freundlich umzu-
gehen.»Womit kann ich dienen, bitte?«

Die alte Dame verspürte eine unwiderstehliche Sehn-
sucht wegzulaufen. Sie war jetzt selbst über ihren
Wunsch erschrocken. Mit einem Mal sah sie deutlich,
dass er purer Unsinn war. Sie bedauerte, dass sie ihr
Zuhause so unüberlegt verlassen hatte.

»Eigentlich«, sagte sie und errötete in tiefster Verlegenheit, »hatte ich ursprünglich gedacht, es wäre nicht
schlecht, sich einen Papagei zuzulegen. Aber ich sehe,
dass...«

»Eine ausgezeichnete Idee!«, sagte der Händler
erfreut. Er ließ die Dame überhaupt nicht ausreden,
hakte sich bei ihr unter wie ein Pirat und schleppte sie
höflich in sein Geschäft. »Wir haben eine riesige Aus-
wahl an Papageien! Soeben ist eine frische Sendung aus
dem südlichsten Amerika eingetroffen!«

Er drückte die Dame in einen tiefen Sessel. Ältere,
weniger bewegliche Kunden hatten überhaupt keine
Chance, sich aus eigener Kraft wieder herauszuarbeiten.

»Einen kleinen Moment!«, schrie er aufgeregt. Sein
großer Tag war gekommen, das fühlte er! Nur selten ver-
irrte sich ein Kunde in seinen Laden. »Ich entschuldige
mich! Ich muss auf einen Sprung in unser Hauptlager
hinter dem Geschäft!«

Hinter dem Geschäft gab es natürlich gar kein Hauptlager. Und schon gar keine frische Lieferung von Papageien aus dem südlichsten Amerika! Ehrlich gesagt, an
Federtier waren hier nur gerade zwei schäbige Turtel-
tauben zu haben. Der Händler hatte keinen einzigen
Papagei. In dem armseligen, ungeheizten Loch hinter

dem Geschäft übernachtete der Händler manchmal, wenn seine Frau sich aus irgendeiner Laune heraus weigerte ihn in die Wohnung zu lassen. Jetzt duckte sich hier ein armseliger Engel von der Größe eines Papageis. Ab und zu kam es vor, dass die Zöllner in Sendungen mit Südfrüchten einen schwarzen Passagier entdeckten. Manchmal war es eine fremdländische Maus, eine große Spinne oder auch eine Schlange. Wenn diese Tiere die Gesundheitsquarantäne hinter sich hatten, wurden sie dem Geschäft *Raubtiere und Schlangen* zum Kauf angeboten. Auf genau diese Weise war auch der Engel in die Hände des gerissenen Inhabers geraten. Wo er seitdem ein Ladenhüter war. Wer würde sich denn heute überhaupt noch einen Engel kaufen? Es gab nicht mehr viele Menschen, die sich nach einem Engel sehnten.

»Ich geb dir die Chance deines Lebens!«, zischte der aufgeregte Händler dem Engel ins Ohr. »Du wirst jetzt hübsch so tun, als wärst du ein Papagei. Verstehst du?«

»Bitte schön, ich verstehe«, piepste der Engel gehorsam. Er wusste, dass er sonst nicht lebend aus dem kalten Kämmerchen herauskommen würde.

»Ich sehe, wir werden uns einig!«, polterte der Händler zufrieden. Schon schob er den Engel vor sich her in den Laden. »Hör zu! Keine Dummheiten! Sonst schlag ich dir den Schnabel ein!«, murmelte er ihm noch drohend ins Ohr. Aufmunternd stupste er ihn in die Rippen. Geradeso machen es Trainer mit Boxern, bevor sie ihre Schützlinge zwischen den Seilen hindurch in den Ring stoßen.

»Hier haben wir ein herrliches Exemplar eines Engelspapageien!«, rief der Raubtierhändler. »Ein seltenes Stück! Beliebt wegen seiner friedlichen, wahrlich engelhaften Natur!«

»Hören Sie mal! Ist dieser Papagei nicht irgendwie angeschlagen?«, fragte die Dame schüchtern. Sie sah schon sehr schlecht, doch selbst im Halbdunkel des Ladens erkannte sie, dass das Flügeltier ein sehr geknicktes Wesen war.

»Jede Krankheit ist ihm fremd!«, rief der Händler aus. Er sprach feierlich, als verkündete er eine neue Staatsverfassung. »Er hat alle vorgeschriebenen Impfungen. Geben Sie ihm Milch in ein Schüsselchen und Sie werden selbst sehen, wie er herumhüpfen wird. Er wird Ihnen noch das Dach überm Kopf zum Einstürzen bringen!« Der Händler lachte aufmunternd.

»Einem Papagei ein Schüsselchen mit Milch?«, wunderte sich die Dame. Schließlich bezahlte sie jedoch ohne weitere Worte und nahm das Federtier mit nach Hause. Sie hatte den Eindruck, dass es ein lieber Kerl sein würde. Außerdem erinnerte es sie durch irgendetwas an ihren verstorbenen Mann. Die Dame setzte den Engel auf eine Stange in der Ecke des Salons.

»Du wirst Lori heißen!«, sprach sie ihn freundlich an.

»Ja, bitte!«, piepste der Engel folgsam.

»Was, du kannst reden?«, fragte die Dame und zog die Augenbrauen hoch.

Der Engel lächelte nur bescheiden.

»Zu Diensten!«, sagte er höflich, wie er es noch aus der Engelsschule in Erinnerung hatte.

Alle waren jetzt ungemein zufrieden. Der Händler rieb sich die Hände, denn er hatte endlich ein paar Mark verdient und war darüber hinaus den nutzlosen

Esser losgeworden. Die Dame wiederum freute sich, dass Gesellschaft da war, wie sie es sich immer gewünscht hatte. Auch der Engel strahlte. Bald schon stellte sich heraus, dass er ein sehr redseliges Geschöpf war. Er erzählte von morgens bis abends. Manchmal puren Unsinn! Die Dame lächelte amüsiert. Was der alles zusammenschwatzt!, dachte sie. Sie kam nicht auf die Idee, dass sie statt eines Papageis einen wirklichen Engel bei sich hatte.

Nach vielen Jahren friedvollen Zusammenlebens verriet sich der Engel. Zufällig! Die Dame hatte sich nämlich in den Kopf gesetzt dem Papagei Französisch beizubringen. Der Engel war ein hervorragender Schüler. Es ging wie am Schnürchen. Bald schon waren große Fortschritte zu verzeichnen. Nur Flüche wollte der Engel nicht wiederholen. Sie zankten sich deswegen den lieben langen Tag. Der Engel war wirklich eine harte Nuss!

»Sapristi!«, knurrte die alte Dame.

Der Papagei schwieg trotzig.

»Also wiederhol doch: Sapristi!«, verlangte die Dame ungeduldig.

»Tu ich nicht!«, sagte er errötend. »Bitte, ich kann nicht fluchen. Ich habe ganz einfach nicht das Naturell dazu.«

»Ich kann nicht! Kann nicht!«, äffte die Dame ihn nach. »Flüche gehören zum Sprachschatz!«, redete sie ihm freundlich zu. »Außerdem hört uns ohnehin niemand. Also, sag schon: Sapristi!«

Der Engel lächelte nur verlegen.

»Du bist mir ein sehr zimperlicher Papagei!«, tadelte

die alte Dame schmollend. Die ganze Affäre ging ihr gehörig auf die Nerven, doch sie konnte nicht mehr zurück. Auch der Engel war es leid. Auf einmal entschied er sich. Er trat aus dem Schatten und kletterte von der Stange herunter. Er spannte seine Flügel weit auf und ließ den blendenden Engelsglanz aus sich herausströmen. Gleichzeitig erklang leises Orgelspiel. Die Dame riss ihre alten Augen auf.

»Ich bin kein Vogel«, sagte der Engel mit himmlisch seidener Stimme. »Ich bin ein Engel!«

Die alte Dame staunte. »Na, so was! In der Tat!«, sagte sie. »So was hab ich nicht einmal in der Zeitung gelesen!« Seit dieser Zeit hatte sie ihren Freund noch lieber als zuvor. Sie saßen zusammen am Tisch, die Stange musste natürlich aus dem Salon entfernt werden.

»Dass Sie es mir nicht schon früher gestanden haben!«, sagte die alte Dame kopfschüttelnd.

»Ich wollte Ihnen die Freude nicht verderben«, antwortete der Engel und lächelte bescheiden. »Sie hatten sich doch so sehr einen Papagei gewünscht!«

Ikarus und Söhne

Ein Engel wurde plötzlich sehr stolz. Er flog so unheimlich hoch, dass seine Flügel die Sonne berührten. Er wich ihr nicht aus, sondern schmiegte sich noch an sie. Ein solch unüberlegtes Verhalten weckte allgemeines Entsetzen.

»He! Nicht dass du dir die Federn versengst! Flieg tiefer!«, rief der älteste Engel ihm mit zitternder Stimme zu. Auch die anderen Engel waren der Meinung, dass solches Tun auf Dauer nichts Gutes bringen könne.

»Was ihr nicht alles wisst, Schlappschwänze!«, schrie der Engel von oben.

Bevor er sich versah, hatte die Sonne ihm beide Flügel verbrannt. Der Engel sauste in die Tiefe wie eine abgeschossene Kanonengranate. Er prallte auf den Boden und schlug sich ordentlich die Nase auf. Und konnte noch von Glück reden, dass er nicht zu Tode gestürzt war!

Dem Engel selbst kam dies freilich nicht als Glück vor. Statt der herrlichen Engelsflügel hatte er nun auf seinem Rücken rauchgeschwärzte Stümpfe. Auf der Straße traten die Schornsteinfeger auf ihn zu. Sie fragten ihn, wo er so wunderschöne Besen zum Ausfegen der Kamine gekauft habe. Wollten wissen, ob das Geschäft gut laufe.

Wann immer der Engel an einem Schaufenster vorbeikam, guckte er in die Scheibe wie in einen Spiegel, ob es nicht wenigstens ein bisschen besser geworden sei. Weit gefehlt! Die Leute zeigten unverfroren mit dem Finger auf ihn.

»Schaut! Ein gefallener Engel!«, schrien sie. Scharenweise liefen sie ihm nach. Der Engel rannte ihnen, so schnell er konnte, davon. Auf einmal begriff er, dass es um sein Leben ging.

Der abgehetzte Engel raste in irgendeinen kleinen dunklen Hof. Verzweifelt pochte er an die Tür.

»Bitte, verstecken Sie mich!«, bettelte er.

Der kleine Mann, der dort lebte, überlegte nicht lange. Er sah die Gestalt mit den abgebrannten Flügeln auf dem Rücken. Er hörte im Durchgang das Gegröle der aufgebrachten Menge. Rasch zog er das wunderliche Wesen ins Innere. Aufmunternd drückte er seinen Ellbogen.

»Versteck dich unterm Bett!«, zischte er ihm zu.

»Einen gefallenen Engel?«, fragte der kleine Mann verwundert, als die Leute bei ihm eindrangen. »Verkauf ich nicht!« Enttäuscht zogen die Leute wieder ab. Auf der Straße traten sie wenigstens gegen die Müllsäcke, wenn sie schon nicht den gefallenen Engel verprügeln konnten.

Als die Luft wieder rein war, wurde der Engel ans Licht gezogen. Jetzt sah er wirklich aus wie ein Ofenbesen. Er hatte den Staub und den Schmutz aufgewischt, der sich im Lauf der Jahre unter dem Bett angesammelt hatte. Der kleine Mann und seine Familie fingen an zu lachen. Es war aber kein hämisches, schadenfreudiges Lachen wie vorher auf der Straße. Es war

das freundschaftliche, gutherzige Lachen von einfachen Menschen. Der Engel erkannte diesen Unterschied auch sofort und stimmte mit ein. Sie tranken zusammen in Ruhe ein Gläschen Ouzo. Dann noch eins. Beim Ouzo wurden sie rasch Freunde.

»Die Sonne hat mir die Flügel verbrannt!«, sagte der Engel und erzählte seine Geschichte.

»Das kann dir bei uns garantiert nicht passieren!«, sagte der kleine Mann lachend. »In unser Kämmerchen fällt jahraus, jahrein kein Sonnenstrahl!«

Es stellte sich heraus, dass der kleine Mann ein unbedeutender griechischer Gewerbetreibender war. Er war in die Fremde gezogen um sein Glück zu suchen. Doch das Glück war kein sesshafter Vogel! Von Beruf war er erfolgloser Erfinder. Er sehnte sich danach, etwas wirklich Außerordentliches zu Stande zu bringen, mit dem er der Menschheit auf Dauer helfen könnte. Vorläufig hatte er allerdings noch nichts Umwerfendes vollbracht. Er hatte zum Beispiel einen Ball erfunden, der ewig hochsprang. Oder eine Windfahne aus Papier, die sich auch dann drehte, wenn kein Wind wehte. Bisher zeigte die Menschheit absolut kein Interesse dafür. Der Erfinder war deswegen jedoch nicht verzweifelt. Er glaubte fest daran, dass sein Tag kommen würde.

»Heul nicht!«, sagte der kleine Mann gutmütig zum Engel. »Der alte Ikarus wird dir neue, bessere Flügel nähen. Und gratis!« Zuerst machte er mit der Mütze in der Hand die Runde durch die kleine griechische Gemeinde des Orts.

»Ein gefallener Engel ist zu Besuch gekommen!«, erklärte er seinen überraschten Landsleuten. »Er muss

wieder in den Himmel zurück. Er hat keine Knete!«
Fünfer um Fünfer kam in seiner Mütze eine ansehnliche
Summe zusammen. Der kleine Mann kaufte das nötige
Material ein, er vermaß den Engel ordentlich mit dem
Schneiderband, schaute zur Sicherheit noch, wie Tauben es anstellen, wenn sie fliegen wollen, und machte
sich dann an die Arbeit. Während des Schneiderns pfiff
er zufrieden vor sich hin, von Zeit zu Zeit zwinkerte er
dem Engel aufmunternd zu und sie hoben die Ouzo-
gläschen.

»Da, alter Kamerad!«, sagte der kleine Mann, als er mit
seiner Arbeit fertig war. Die Flügel passten wie angegos-
sen. Sie waren noch besser als das Original! Der Engel bewegte sich nur ein kleines bisschen, schon war er oben
unter der Decke. Fast hätte er ein Loch hineingestoßen.

»Es geht!«, sagte der kleine Mann wie beiläufig, sein
Herz jedoch frohlockte.

Mit dem Geld der Landsleute, das von der Sammlung
übrig geblieben war, wurde ein Abschiedsessen organi-
siert. Es duftete nach gebratenem Lammfleisch, Berge
von heißem Reis türmten sich auf und es gab so viele
Oliven, wie man nur wollte. Alle Griechen in der Stadt
waren gekommen um sich zu verabschieden. Der Engel
saß an der Stirnseite der festlichen Tafel.

»Hör mal, fliegst du wirklich in den Himmel?«, fragte
der älteste Greis mit seinen wässrigen Augen. Der Engel
nickte.

»Grüß dort meinen Freund Nikos!«, bat der Greis.
Der Engel versprach es gern. Er war nicht mehr der auf-
geblasene Geck vom Anfang der Geschichte, der nicht
auf die Wünsche und Ratschläge der Alten hörte!

Bevor der Engel fortflog, rupfte er sich noch eine Hand voll Federn aus.

»Da!«, sagte er und gab sie seinem Retter. »Du wirst bestimmt noch etwas erfinden!« Und schon segelte er zu den Seinen in den Himmel.

Es waren wundertätige Federn! Man brauchte eine einzige in künstliche Flügel einzufügen und schon gelangte man mit so einem Apparat, wohin man nur wollte. Und dann auch wieder heil zurück, das war das Fantastischste daran!

Der kleine Mann gründete sofort die Firma *Ikarus und Söhne, Flügel und Flugzeugzubehör.* Es lief ausgezeichnet, er kam gar nicht nach mit der Fabrikation seiner Wunder und musste den Betrieb ständig vergrößern. Überdies stellte sich heraus, dass Kunden, die Ikarus-Patentflügel benutzten, mit der Zeit einen unglaublich friedliebenden, engelhaft freundlichen Charakter bekamen. Dadurch hatte sich auch Ikarus' alter Traum erfüllt, der Menschheit irgendeinen großen, nutzbringenden Dienst zu erweisen.

Der kahle Piepmatz

Diese Geschichte entspricht genau ihrem Titel. Sie ist kahl wie ein Piepmatz. Es fehlt ihr jede Ausschmückung; alles habe ich nur so beschrieben, wie es sich ereignet hat. Nichts habe ich mir hinzugedacht. Ich fürchte, es ist eine harte Geschichte. Zartere Naturen sollten besser erst gar nicht weiterlesen. Es kommt fast zur Menschenfresserei! Weil zuletzt aber doch das Gute über das Böse siegt, habe ich mich entschlossen die Erzählung über den kahlen Piepmatz nicht aus dem Buch herauszunehmen. Noch ein praktischer Rat: Wer weiterlesen will, sollte sich besser warm anziehen. Handschuhe und Wollsocken wären nicht schlecht. Es handelt sich nämlich um eine außergewöhnlich frostige Geschichte:

Frau Müller, eine alte, verlassene Frau, kaufte im Warenhaus sehr günstig zwei tiefgekühlte Hühner. Es war eine unwiderstehliche Ausverkaufsaktion. Wer mehrere Hühner auf einmal kaufte, erhielt einen großen Rabatt.

»Sie werden es nicht bereuen!«, sagten die Verkäufer und verneigten sich ehrfurchtsvoll.

»Ich werde sie auf spanische Art braten«, murmelte Frau Müller für sich, als sie mit dem Einkauf die Treppe zu ihrer Wohnung emporstieg. »Mit Tomaten, Zwiebeln und einer Menge Knoblauch!« Sie leckte sich jetzt schon die Lippen, denn das war ihr Lieblingsgericht. Sie ging immer schneller, konnte es kaum noch erwarten. Aber!

Als sie die Hühner auftaute, setzte sich eines unerwartet auf.

»Brr!«, sagte das Huhn. »Ist das eine Kälte!« Das Huhn musste schrecklich niesen und wurde wie im Fieber geschüttelt. Frau Müller starb fast vor Schreck. Das war kein Huhn, sondern ein perfekt gerupfter Engel! Unter fürchterlichem Zähneklappern erzählte er seine traurige Geschichte: Durch einen unglücklichen Zufall war er in eine Hühnerfarm geraten. Unbarmherzig war er vom Fließband zur Verarbeitung der Hühner erfasst worden.

»Schauen Sie, wie man mich zugerichtet hat!«, beklagte sich der Engel.

Er war völlig kahl gerupft. Kein Federchen war übrig geblieben.

»Haben Sie um Hilfe gerufen?«, fragte die alte Frau Müller mit Tränen in den Augen.

»Ja«, sagte der Engel.

»Und ist Ihnen niemand zu Hilfe gekommen?«, wunderte sich Frau Müller.

»Nein«, sagte der Engel, »es waren keine Menschen dort. Nur Maschinen und Hühner.«

Der Engel saß auf dem Tisch, vertrauensvoll blinzelte er Frau Müller zu. Seine Beine hingen vom Tisch herunter, er ließ sie baumeln wie ein Kind. Die Erzählung wirkte schauerlich auf Frau Müller.

»Frau Müller, Sie hätten mich tatsächlich aufgegessen?«, fragte der Engel völlig unerwartet.

»Wer wollte denn einen Engel essen!«, entfuhr es Frau Müller.

Ehrlich gesagt, Frau Müller war ein bisschen geizig. Etwas Essbares zu kaufen und es dann stehen zu lassen, das war nicht ihre Art. Ursprünglich war ihr sogar kurz durch den Kopf gegangen, sie könnte den Engel trotzdem braten, als wäre er ein ganz gewöhnliches Huhn. Sie war keineswegs böse! Sie wünschte sich ganz einfach nicht, dass ihr unverdienter Schaden entstand. Sie war nur eine arme Rentnerin. Wenn ich dich gekauft habe, werde ich dich auch aufessen!, dachte sie hart. Doch als Frau Müller sah, wie der arme Tropf zitterte, siegte ihr gutes Herz. Sie sah ein, dass es eine Dummheit wäre, einen Engel zu essen. Wer hätte ihn auch getötet?

Sie wickelte den himmlischen Boten in eine gewürfelte Reisedecke. Und kochte ihm Kräutertee. Der Engel wärmte sich auf und schlief ein. Er träumte, dass er Schlittschuh lief, Ski fuhr und einen Schneemann baute. Und während des Schlafs erholte er sich trotz allem. Als er aufwachte, war er schon fast wieder gesund. Er blieb bei Frau Müller.

»Wohin wollen Sie auch gehen?«, sagte die alte Frau gutherzig. »So können Sie doch nicht unter die Leute!«

Mit der Zeit wuchs dem Engel ein neues, schneeweißes Gefieder. Er war wieder ein schmucker Kerl. Er hatte es jedoch keineswegs eilig, unter die Leute zu gehen. Bei Frau Müller gefiel es ihm ausnehmend gut. Nur vor dem Kühlschrank in der Küche fürchtete er sich. Um ihn machte er einen respektvollen Bogen. Wenn Frau Müller die Kühlschranktür öffnete, schloss der Engel lieber die Augen. Er hatte das Gefühl, die Hölle vor sich zu sehen!

»Haben Sie nicht Angst, dass es Sie einmal hineinzieht und tiefkühlt?«, fragte er Frau Müller oft. Er riet ihr eindringlich dieses entsetzliche Ding wegzugeben. Frau Müller verehrte den Engel sehr. Er schien ihr ein vernünftiges Wesen zu sein. Doch auf den Kühlschrank verzichtete sie nicht. Auch nicht auf Tomaten, Zwiebeln und Knoblauch.

»Frau Müller!«, rief der Engel sie eines Morgens. Hinter den Fenstern wirbelte dichter Schnee. Draußen herrschte grausamer Frost. Der Engel bekam eine Gänsehaut, seine schlimmen Erinnerungen kehrten zurück. Er guckte seine Gastgeberin mit flehenden Augen an.

»Sollten wir nicht gemeinsam etwas für diese armen Hühner unternehmen?«, flüsterte er und faltete bittend die Flügel.

Frau Müller war eigentlich nicht dagegen. Aus dem Schreibtisch nahm sie Briefpapier, einen Umschlag und die Schreibutensilien. Sie schrieb dem Besitzer der Hühnerfarm einen Brief. Einen langen, rührenden Brief.

»Sehr verehrter Herr! Wissen Sie überhaupt, was in Ihrem Betrieb vor sich geht? Einmal werden Sie sich an den Kopf fassen, aber dann wird es zu spät sein!«, stand darin. Frau Müller schilderte, wie es gekommen war, dass sie fast einen Engel gegessen hätte. Der Engel seinerseits diktierte ihr seine persönlichen Erlebnisse. Er wagte es nicht, einen Federhalter zur Hand zu nehmen; noch immer hauchte er in seine Finger.

Der Besitzer der Firma war ehrlich entsetzt.

»Mir läuft es kalt den Rücken herunter!«, rief er.

In gewisser Weise war er ein guter Kerl, zudem schien es ihm, als sei dies nicht gerade die passendste Werbung für seine Firma. Augenblicklich beriet er sich mit Fachleuten. Er verlangte, dass eine Heizung speziell für Hühner ausgedacht werde. Er ließ den Betrieb nach den neuesten Erkenntnissen über die Hühnerseele einrichten. Frau Müller, und natürlich auch dem Engel, schrieb er, sie sollten kommen und sich an Ort und Stelle selbst von den Veränderungen zum Guten überzeugen. »In den Hallen herrscht jetzt ein ganz anderer Geist als früher!«, stand in diesem Brief. Übrigens benannte er die Farm um, sie heißt jetzt *Freundeshaus der kleinen Küken*.

»War es schlimm?«, fragte der Firmenbesitzer den Engel, als sie zusammen durch die neuen Hallen schritten.

»Allerdings!«, sagte der Engel aufrichtig.

Im Frühling wurden die Hühner feierlich aus den Metallkäfigen auf die Wiesen hinausgelassen. Dort konnten sie nach Belieben spielen. Es schien sogar eine richtige Sonne! Sie ließen den Engel hochleben wie einen Landesvater der Hühner.

Der Vernichtungsengel

Die Einwohner einer Stadt führten ein liederliches Leben. Vor lauter Sünden war alles schon ganz schwarz. Als ob es aus einem Kamin qualmt! Die Menschen dort fürchteten sich vor gar nichts mehr.

»So oder so kommen wir in die Hölle. Also was soll's!«, sagten sie laut.

»Es geschehe, dass diese Stadt zerstört werde!«, beschloss man schließlich im Himmel. »Restlos. Augenblicklich!«

Ohne Widerrede packte der Vernichtungsengel seine Siebensachen zusammen: einen Kessel mit brodelndem Pech, blutigen Regen und einen eisernen Rechen um Häuser abzureißen. Er freute sich nicht besonders auf diese Arbeit, aber Dienst ist Dienst!

»Darf ich die Stadt stehen lassen, wenn ich dort zehn Gerechte finde?«, fragte er noch vorschriftsgemäß. Eine unvermeidbare Formalität. Ungefähr, wie wenn Polizisten »Im Namen des Gesetzes!« rufen, sogar hinter einem Schwerverbrecher her, dem das Gesetz selbstverständlich egal ist. Natürlich nimmt niemand das ernst. Im Himmel lachte man denn auch darüber.

»Wenn du dort auch nur einen einzigen Gerechten findest, brauchst du dich nicht weiter zu bemühen!«, beschloss die himmlische Hoheit zuletzt. »Die Stadt kann um seinetwillen erhalten bleiben.«

Der Vernichtungsengel fauchte über der Stadt wie ein überhitzter Ofen. Die Luft stank nach Pech. Warnend tosten die unterirdischen Wasser. Am Himmel erschienen feurige Geheimzeichen. Mäuse, Käfer und Vögel verließen rasch die Stadt. Sie hatten als Erste begriffen, was hier geschehen würde. Die Menschen aber lachten nur hämisch.

»Selbst wenn tatsächlich der Weltuntergang kommen sollte«, erklärte der Bürgermeister wichtigtuerisch, »ist mir das ohnehin schnuppe!« Er hatte nämlich mit einer Versicherung einen vorteilhaften Vertrag abgeschlossen und hoffte an diesem Weltuntergang vielleicht noch etwas zu verdienen.

Die Augen des Vernichtungsengels färbten sich rot vor Wut. Mit seinen riesigen schwarzen Schwingen fegte er zuerst einmal allen Häusern die Dächer weg. Jetzt lag offen zu Tage, wohin die Leute sich im letzten Moment verkriechen wollten.

Dann wurde es plötzlich dunkel wie um Mitternacht. In den Lüften brauste es. Baumhohe Flammen loderten empor. Im Dunkeln war nicht zu erkennen, was ein Arm und was ein Bein war.

»Und das alles ist nur der Anfang, meine Goldschätzchen!«, donnerte der Vernichtungsengel. Seine Stimme ließ Felsbrocken bersten, Seen traten über die Ufer, Gräber öffneten sich. Jetzt endlich hatten alle Menschen fürchterliche Angst. Um Buße zu tun war es freilich zu spät. Der Weltuntergang schritt unaufhaltsam voran. Die Erde riss ein wie ein alter Teppich.

Der Vernichtungsengel nahm alle seine Kräfte zusammen. Er bereitete sich vor, alles mit einem einzigen langen Pusten in Brand zu setzen. Das war seine Paradenummer. Aus seiner Nase stieg sogar glühend heißer Rauch. Das kitzelte in den Nasenlöchern wie vor dem Niesen. Er kam sich jetzt eher wie ein Drache als wie ein Engel vor.

Einen Augenblick vor dem unwiderruflichen Ende der Stadt entdeckte der Vernichtungsengel aus einem Augenwinkel in den Feldern am Bach einen Rentner, der seinen Hund spazieren führte. Die beiden beachteten die Schrecken erregenden Zeichen überhaupt nicht. Allzu sehr waren sie in ihr Spiel vertieft.

Der Mann warf Steine ins Wasser. Der Hund stürzte hinter ihnen in die Tiefe wie ein Unterseeboot und brachte sie wieder ans Ufer. Zum Spaß zupfte der Mann den Hund freundschaftlich am Schwanz, der Hund wiederum tat, als wollte er seinem Herrn ein Stück vom Bein abbeißen.

Der Mann lief sogar auf allen vieren, als sei auch er ein Hund! Das Bellen und Knurren gelang ihm ziemlich gut. Das Tier versuchte dafür, mit nachgeäffter menschlicher Stimme zu sprechen. Ein Anblick zum Totlachen!

Schließlich stellte der Mann sich hinter den Hund und hielt ihm mit beiden Händen die Augen zu. Vor lauter Spannung hielt der Hund den Atem an.

»Du errätst nicht, wer das ist, oder?«, sagte der Mann mit bewusst verstellter, tiefer Stimme.

Der Hund hatte es natürlich erraten, sagte es aber absichtlich nicht. Auch er wollte seinem Freund eine

Freude machen. Der Mann und der Hund verschluckten sich fast vor Lachen.

»Das bin doch ich, du Dummerchen!«, sagte der Mann schließlich.

Verblüfft schwebte der Vernichtungsengel auf die Erde nieder. Das Feuer in seiner Nase verlosch. Den Kessel mit dem brodelnden Pech stellte er ab. Er setzte sich auf einen Baumstumpf und beobachtete mit offenem Mund, wie schön die zwei miteinander spielten.

»Dort sitzt ein unglaublich großer Schmetterling!«, bemerkte der Rentner. »Hallo, mein Herr!«, rief er dem Engel zu. »Kommen Sie mit uns Verstecken spielen!« Entzückt nahm der Vernichtungsengel die Einladung an. Vor lauter Freude röteten sich seine Wangen.

Bis zum Abend tobten sie miteinander am Bach. Sie verstanden sich ausgezeichnet. Ab und zu quietschten alle drei vor Vergnügen.

In der Dämmerung setzten sie sich an einen Feldrain und schauten schweigend zu, wie der Mond aufging. Auf der Welt zu sein, wenn langsam die Dämmerung einbricht, ist eines der größten Wunder. Sie fühlten sich zusammen unerträglich wohl.

»Kommen Sie morgen wieder mit uns spielen, Herr Schmetterling?«, fragte der Rentner freundschaftlich. Er hatte blassblaue, vertrauensvolle Augen.

»Bestimmt!«, versprach der Engel. »Morgen um die gleiche Zeit hier, Kameraden.«

Im Himmel wusste man schon alles. Wie auch nicht! Trotzdem musste der Vernichtungsengel Meldung erstatten. Das war seine heilige Berufspflicht.

»Die Stadt darf nicht zerstört werden, da in ihr mindestens zwei Gerechte leben!«, sagte der Engel zwar nur beiläufig, aber mit dienstlicher Stimme.

»Wenigstens das!«, sagte man im Himmel ungeheuer erleichtert. Niemand zerstört nämlich gern Städte.

Und unter den Einwohnern besserten sich ein wenig die Sitten.

Das Wirtshaus ›Zum Erzengel Gabriel‹

Es war ein ganz gewöhnliches Wirtshaus an der Ecke. Davor stand eine Gaslaterne, die einen geheimnisvoll gelben Lichtschein verbreitete. Es war sehr gemütlich, an den billigen, abgewetzten Tischen zu sitzen. Seit jeher nannte man das Lokal *Zum Erzengel Gabriel.* Die Stammgäste unterhielten sich am liebsten über Engel und deren Bräuche. Der alte Wirt hieß Gabriel. Er sah ein wenig aus wie ein Engel. Er hatte auch ein engelhaft gutes Herz: Wenn jemandem das Geld fürs Bier fehlte, ließ er ihm gratis einschenken.

Wenn draußen die Windsbraut heulte und der polierte Zapfhahn behaglich glänzte, erzählten sich die Gäste mit gedämpften Stimmen die wunderlichsten Geschichten aus dem Leben dieser immer seltener werdenden Gefiederart. Ein Herr habe Enten gejagt und dabei irrtümlich einen Engel angeschossen! Melden konnte er es nicht, weil er keinen gültigen Jagdschein besaß. Er musste den verletzten Engel mit nach Hause nehmen und ihn aus eigenen Kräften aufpäppeln, behauptete ein Erzähler.

»Na, so was!«, staunten die Stammgäste.

Ein anderer Engel wiederum zog mit den Schwalben in südliche Gefilde. Irgendwie hatten sie sich verspätet, sie wurden von einem Schneesturm überrascht und der gute Engel setzte sich zum Ausruhen auf einen Telegrafendraht eines winzigen Dorfes im Schwarzwald. Er schlief ein und im Schlaf fror er am Draht fest. »Der Weltuntergang wird kommen!«, schrie der Kirchendiener. »Ein gewöhnlicher Zugengel!«, lachten die Bauern, als die Federn des himmlischen Boten auftauten. Sie steckten den Engel in die Kirche, machten ihn zum Pfarrer. Alle Dörfer in der Umgebung beneideten sie darum, die Kirche war immer brechend voll. Es sei sogar ein Fall bekannt, da ein ganz kleiner, unerfahrener Engel mit seinen Flügeln an einem Fliegenfänger kleben geblieben sei wie eine ganz gewöhnliche Fliege!

»Alles die reine Wahrheit!«, sagten die Stammgäste baff.

Eine alte Deutschlehrerin hatte eine ebenso alte, schon halb blinde Katze. Diese Katze brachte ihrer Herrin jeden Morgen eine angebissene Maus ins Schlafzimmer. Treu legte sie sie vors Bett, in der törichten Hoffnung, der Lehrerin so eine Freude zu machen. Einmal legte die Katze ihrer schlaftrunkenen Freundin einen verletzten, irrtümlich erjagten Engel zu Füßen. Mit dieser Katze nahm es ein ganz schlimmes Ende: Aus Unkenntnis und auch, weil sie nur noch sehr schlecht sah, fraß sie den hölzernen Kuckuck einer alten Schwarzwalduhr auf. Sie musste darauf bis zum Tod an seiner Stelle »kuckuck!« rufen, damit die Lehrerin nichts merkte. Alle Stammgäste waren sich einig, dass es genau so gewesen war.

»Eine wahre Geschichte aus dem Leben!«, sagte der Wirt anerkennend.

»Blödsinn!«, erwiderte Herr Schmidlin und winkte unzufrieden ab. Das tat er immer, wenn er Engelsgeschichten hörte.»Märchen!« Lieber bestellte er sich noch ein Bier für den Heimweg. Er wohnte schon siebzig Jahre in einem schäbigen Haus. Noch nie war er einem Engel begegnet. Weder in der Wohnung noch auf dem Flur noch im Traum!

»Hören Sie mal«, fragte ich ihn einmal,»glauben Sie wirklich nicht an Engel, Herr Schmidlin?«

»Welche meinen Sie?«, tönte Herr Schmidlin.»Diese kleinen, fröhlichen, dickbäuchigen Nackedeis oder eher diese hohen, mageren Nachthemdler, die immer ernst dreinschauen und eine brennende Kerze in der Hand halten?« Herr Schmidlin war sogar ein paar Mal unwürdig aufgesprungen um einen fliegenden Engel nachzuahmen.

Eine solche Respektlosigkeit gegenüber den Boten des Himmels entsetzte mich. Vergeblich hielt ich Herrn Schmidlin eine echte, nach Weihrauch duftende Engelsfeder unter die Nase. Ich hatte sie einst in der Kindheit von Engeln als Andenken bekommen. Sie war zart wie eine mütterliche Liebkosung. Auf Herrn Schmidlin machte dies natürlich keinen großen Eindruck.

»Das kann doch jeder, Tauben rupfen!«, sagte er und schnitt eine ungläubige Grimasse. Herrn Schmidlins konsequent fehlender Glaube an die Existenz von Engeln weckte unter den übrigen Stammgästen geheiligtes Grauen, ehrfürchtigen Respekt und allgemein staunende Anerkennung.

»Da ist er!«, flüsterte sie, wenn er die Kneipe betrat.

Herr Schmidlin war ein Fettwanst. Er wohnte im fünften Stock, direkt links neben dem Aufzug. Ein Glück, dass es diesen Aufzug hier überhaupt gab! Schnaubend wälzte Herr Schmidlin sich in die Kabine, er drückte den richtigen Knopf, nachdem er alle berührt hatte, als prüfte er, ob alle Knöpfe an seinem Mantel zugeknöpft waren, und schon raste er nach oben.

»So soll man fliegen!«, kicherte er zufrieden. »Was für einen Sinn hätte das, die Luft durch Flügelschwingen aufzuwühlen?« Er irrte sich nie, kannte seine Angelegenheiten perfekt. Immer drückte er den Knopf mit der Nummer fünf, nie passierte es, dass er danebengriff, nie fuhr er irrtümlicherweise höher. Er tat es auch nicht nur so zum Spaß oder gar aus romantischen Gründen. Immer traf er richtig den fünften Stock, er hatte nicht den Wunsch, woandershin zu gehen, die ganzen siebzig Jahre lang nicht. Er hatte absolut keine Ahnung, wie es in den oberen Stockwerken überhaupt aussah.

Einmal wurde es Herrn Schmidlin auf dem Heimweg übel. In seinem Kopf rauschte es, ihm schien, als donnerten dort Kirchenglocken. Wie kann einem eine Kirchenglocke in den Kopf kommen?, wunderte sich Herr Schmidlin. Vor seinen Augen tanzten Sterne. Er hielt sich kaum noch auf den Beinen! Mit letzter Kraft torkelte er zum Aufzug, dann schlossen sich seine Augen. In seiner Benommenheit schaffte er es gerade noch, einen Knopf zu drücken, diesmal jedoch griff er daneben. Er fuhr bis in den achten Stock. Bis ganz hinauf! Höher fuhr der Aufzug nicht. Dort war ein Himmel voller Engel.

»Nein!«, schrie Herr Schmidlin ungläubig. »Federwesen! Also ist es doch wahr!« Im ersten Augenblick tat es ihm sogar ein bisschen Leid, dass er nicht schon früher einige Stockwerke höher gefahren war, wenn er so etwas schon direkt vor der Nase hatte. Überdies sah es hier sehr gemütlich aus.

Die Engel kochten gerade Mittagessen. Es duftete herrlich. Der älteste Engel fing schon an den andern mit einem großen Schöpflöffel zu servieren. Er sah Herrn Schmidlin an und zog freundlich die Augenbrauen hoch. Mit dem Zeigefinger lockte er ihn näher.

»Rüdi!«, rief er ihm zu. »Komm mit uns essen!«

»Wie könnt ihr wissen, dass ich Rüdi heiße?«, fragte Herr Schmidlin verwundert. Plötzlich hatte er das Gefühl, zum Haupthelden eines Films oder aber der wunderlichsten Engelsgeschichte geworden zu sein, die man sich je erzählen würde.

»Wir wissen auch sonst noch einiges!«, sagte der älteste Engel bescheiden.

Herr Schmidlin setzte sich gern an den Tisch. Von nah kam ihm der älteste Engel sehr bekannt vor; er konnte sich aber um nichts in der Welt entsinnen, wo er ihn schon hätte gesehen haben können. Auf der Suppe schwammen zwar lauter Federn, aber sonst schmeckte sie einigermaßen. Wer wollte, konnte nachschöpfen. Zwischen Himmel und Erde besteht kein sehr wesentlicher Unterschied!, ging es Herrn Schmidlin durch den Kopf. Nach dem Mittagessen unterhielt man sich bei Kaffee und Kuchen.

»Also, was ist?«, fragte der älteste Engel fröhlich. »Glaubst du jetzt an Engel?«

»Gewiss!«, sagte Herr Schmidlin, den Mund voller Kuchen. Im Geist jedoch fragte er sich, woher kenn ich dich bloß?

»An die kleinen dickbäuchigen oder eher an die

hoch gewachsenen mit den brennenden Kerzen?«, fragte der älteste Engel schalkhaft. Auch die andern Engel stießen und stupsten ihn freundschaftlich.

Herr Schmidlin wurde rot. Er erzählte den Engeln die Geschichte von der Katze, die zum Schluss »kuckuck!« rufen musste. Er erwähnte den gefährlichen Fliegenfänger und auch den angefrorenen Zugengel. Jetzt kam es ihm auf einmal zugute, dass er aufgepasst hatte, was die Stammgäste sich erzählten. Die Engel tuschelten lobend und nickten anerkennend.

»Was du erzählst, ist sehr interessant!«, erklärte der älteste Engel erfreut.

»Ich bemühe mich!«, sagte Herr Schmidlin bescheiden.

Unter den Stammgästen des Wirtshauses *Zum Erzengel Gabriel* dachte man zu Unrecht, Herr Schmidlin sei gestorben. Mitleidig erzählte man sich, er sei ein guter Mensch gewesen. Bestätigten Berichten zufolge sei er schnurstracks in den Himmel gekommen, obwohl er nie an Engel geglaubt habe! Er war aber lediglich vom fünften in den achten Stock gezogen. Mehr war nicht dabei, keine Zauberei, kein Geheimnis, nichts Übernatürliches!

Das Bankgeheimnis

Klirr! Ein Schuh trat in die Glastür. Das zerbrochene Glas fiel ins Innere. Mit ohrenbetäubendem Krach stürzten gleich danach Räuber in die Bankhalle. Schrecklich viele. Wütend sprangen sie hoch und liefen in der Halle im Kreis wie Pferde im Zirkus. Mit unendlicher Dreistigkeit fuchtelten sie mit ihren scharf geladenen Pistolen.

»Banküberfall!«, riefen sie mit widerwärtig wichtigen Stimmen. Sie lachten siegesgewiss.

»Ach!«, seufzte der Laufbursche gequält. »Schon der dritte in dieser Woche!«

Diese Räuberbande war schon vom Äußeren her außerordentlich gefährlich. Alle hatten sich einen Strumpf über das Gesicht gezogen. Keiner hatte dieses wichtige Hilfsmittel zu Hause vergessen. Sie verstellten absichtlich ihre Stimmen, murmelten fast unverständlich. Sie waren so perfekt verkleidet, dass einer den andern nicht erkannte. Ihre Pistolen hielten sie direkt vor sich, niemand zielte daneben! Jedermann konnte sofort sehen, dass er nicht von unerfahrenen Grünschnäbeln überfallen wurde. Ihr Schritt war über alle Zweifel erhaben gangsterhaft schwankend. Vor allem dieser Umstand beeindruckte das Bankpersonal tief.

»Tja!«, schnalzte der Bankdirektor hilflos. Er hob die Hände hoch.

An Widerstand dachte niemand. Wer hätte es schon gewagt, einen solch perfekt vorbereiteten Plan zu vereiteln? Alles klappte wie am Schnürchen, die Rollen waren von vornherein verteilt. Der Laufbursche schloss selig die Augen. Ihm kam es vor, als hörte er eine Verbrechersymphonie, die von einem vorzüglichen Orchester gespielt wurde. Alle ergaben sich wie ein Mann. Im letzten Moment humpelte noch die alte italienische Putzfrau in die Halle. Mit dem Bodenlappen winkte sie wie mit einer weißen Fahne. Alle schauten sie überrascht an.

»Wartet!«, schnaubte die alte Frau.

Unter Entschuldigungen erklärte sie, weshalb sie zu spät gekommen war: Sie hatte gerade einen Teppich gereinigt, ganz oben, im sechsten Stock! Zufällig ließ sie das Radio laufen, sie wusste selbst nicht, weshalb sie das tat, sonst erlaubte sie sich so was nie! Aus einer Sondersendung erfuhr sie, was unten im Haus los war. Auch sie dachte mit keinem Gedanken an Widerstand.

»Ich ergebe mich!«, verkündete sie feierlich.

Mit Genugtuung nahmen die Räuber die Kapitulation entgegen. In der Bank herrschte jetzt wieder eine professionelle Atmosphäre. Kein Krimi hätte einen wahrheitsgetreueren Eindruck vermitteln können! Die Räuber arbeiteten mit sparsamen, perfekt eingeübten Bewegungen. Zuerst leerten sie die Schubladen mit dem Geld. Die Banknoten raschelten. Dieser Ton zauberte selige, noch unter den Strumpfmasken sichtbare Lächeln auf die Gesichter der Räuber. Die Kundensafes wurden bis auf das letzte Goldkörnchen leer gefegt. Noch die allerkleinsten wegrollenden Brillanten wurden sorgfältig vom Boden aufgelesen. Aus den Kellergewölben stiegen Lastenaufzüge voller Riesenbarren aus geschmolzenem Gold herauf. Der sanfte Glanz des alten Goldes war eine Wohltat für die Augen. Der Bankdirektor machte diensteifrig noch auf die Wertpapiere aufmerksam. Die Räuber lachten nur verächtlich. Sie warfen die Aktien in den Papierkorb.

»Wir sind doch nicht verrückt!«, brummten sie. »Den Knast riskieren wegen etwas, das künstlich hervorgerufenen Börsenkrächen unterliegt? Wir nehmen nur bleibende und wahre Werte!«

Zuvorkommend banden die Bankangestellten einander die Hände zusammen. Diszipliniert legten sie sich mit dem Gesicht nach unten auf den Boden. Der älteste Bankbeamte dankte den Räubern von Dienstes wegen kurz im Namen aller Angestellten für die anständige Behandlung. Er versprach auf der Polizei und später vor Gericht nur gut und anerkennend über die Bandenmitglieder auszusagen. Die Räuber wurden schon jetzt vom Gefühl gut verrichteter Arbeit gewärmt.

Da stellte sich unerwartet heraus, dass den Räubern trotz allem ein Planungsfehler unterlaufen war. Sie hatten zu wenig Säcke für die Beute mitgebracht. Eine dumme Situation! Allen ging düster durch den Kopf, ob durch diesen fatalen, auf den ersten Blick bedeutungslosen Fehler der ganze Plan nicht doch noch vereitelt werden könnte. Einige Räuber meinten verlegen, man könne ja einen Teil der Beute am Ort zurücklassen.

»Der Mensch soll nicht immer alles wollen, was er sieht!«, sagten sie versöhnlich.

Diese Ansicht wurde jedoch mit einfacher Mehrheit überstimmt.

»Wollt ihr etwa, dass die Zeitungen von uns schreiben, wir seien Stümper?«, fragte der Räuberchef höhnisch.

»Wir lassen keinen Fünfer hier!«, riefen die jüngeren, brutaleren Bandenmitglieder.

Der Bankdirektor schlug vor die Beute in zwei Etappen wegzuschaffen. »Den Rest werde ich unterdessen persönlich bewachen!«, sagte er in solidem Geschäftston. Er gab sein Ehrenwort, dass sich hinter seinem Angebot keine Hintergedanken verbargen.

»Ich bin ein Gentleman, meine Herren!«, sagte er.

»Gerade das sind wir auch«, sagten die Räuber abschätzig grinsend.

Draußen klopften schon ungeduldig die Zeitungsleute an die Fenster. »Macht vorwärts!«, schrien sie. »Wir wollen es noch in der letzten Ausgabe unterbringen!« Sie machten wütende Gebärden.

Jeden Moment konnte die Polizei da sein. Auf dem Gehsteig vor der Bank flatterte schon die rotweiß gestreifte Folie im Wind, die den Ort des Verbrechens von der unbeteiligten Öffentlichkeit absperrte. Die Polizisten mussten sich jetzt nicht mehr mit Geplänkel abgeben und konnten direkt zur Tat schreiten. Alle wurden sehr nervös. Was, wenn die Polizei Gewalt anwendete und so den bisher glatten Ablauf der ganzen Sache gefährdete?

Auch der Laufbursche fluchte laut. »Ich hätte längst zu Hause sein sollen!«, sagte er missmutig. Bedeutungsvoll sah er auf seine Uhr. »Ich wünsche Ihnen nicht, dass meine Frau mich holen kommt!«

Die Situation wurde von der alten italienischen Putzfrau gerettet. Auf ihren vom Leben und der Arbeit
geschundenen Beinen drängte sie sich bescheiden in
den Vordergrund. In ihrem einfachen, gebrochenen,
aber gut verständlichen Deutsch schlug sie vor den Teppich aus dem sechsten Stock zu holen. Sie lobte seine
Ausmaße, bezeichnete ihn als sehr geeignet für den
erforderlichen Zweck.

»Großes Teppich!«, sagte sie und breitete die Arme
aus. »Alles hineingehen! Ihr seien Jungs zufrieden.«

Nach kurzer Beratung mit dem Direktor nickten die
Räuber. Sie begleiteten die Putzfrau jedoch nach oben
um sich selbst zu überzeugen, dass die alte Frau ihnen
nicht irgendeine Falle stellte. Gemütlich packten sie
tatsächlich alles in den Teppich! Keinen einzigen goldenen Barren ließen sie liegen. Zur Warnung schossen sie
noch einmal aus den Revolvern in die Luft. Mit einem
Fußtritt wurde der Papierkorb umgestoßen. Dann endlich liefen sie unter Indianergebrüll hinaus.

Alle waren erleichtert. Aufgeregt schwatzte man
durcheinander. Die Fernsehreporter kletterten wie
Meerkatzen über ihre Ausziehleitern. Auf allen Kanälen
lief schon die Direktübertragung vom Ort des ungewöhnlichen Ereignisses.

»Wenn ich gekonnt hätte, ich hätte sie in Stücke
gerissen!«, stieß der Bankdirektor tapfer zwischen den
Zähnen hervor.

Das Volk versammelte sich vor den flimmernden
Fernsehern. Die Menge applaudierte den Helden. Es
stellte sich heraus, dass auch die übrigen Bankangestellten tapfer gewesen waren. Der Pförtner rühmte sich, er

habe den Räubern, als sie weggingen, die Zunge herausgestreckt. Er schwang seine Faust; alle sahen, dass er ein wahrhaft wilder Kerl war.

»Natürlich habe ich es unauffällig getan, damit sie es nicht sahen«, gestand er rechtschaffen. »Ich habe fünf Kinder. Ein Mensch in meiner Position muss Verstand haben!« Er verbreitete sich redselig über seine Position. Eine in der Politik tätige Dame nutzte die Gelegenheit um ehrgeizig gegen das Wesen des Bösen anzugehen.

»Wenn es keine Banken gäbe, könnte niemand sie überfallen!«, rief sie so laut, dass es im Mikrofon rauschte. Sie schlug vor augenblicklich das Geld als solches abzuschaffen. Sie sagte, in Wahrheit seien die Räuber arme, den Versuchungen der Konsumgesellschaft ausgesetzte Jungs.

»Wer von uns würde an ihrer Stelle anders handeln?«, schrie sie. Ihre Augen blitzten wie frisch geprägte Fünfmarkstücke. Ein blendender Anblick! Der arme Bankdirektor spürte, dass er in den Augen der Öffentlichkeit jetzt größerer Abschaum war als die ganze Räuberbande zusammen.

Die italienische Putzfrau – jetzt ist der Moment gekommen, da wir es verraten können – war in Wirklichkeit keine untergeordnete Arbeitskraft. Im Gegenteil! Sie war der fantastisch verkleidete Banken-Schutzengel, einer der letzten seiner Art. Er stand schon hundertfünfzig Jahre im Dienste der Bank. Früher, in den alten Zeiten, hatten diese Engel die Postkutschen begleitet, in denen in der Wildnis geschürftes Gold transportiert wurde. Einst hatte es zu ihrer Arbeit gehört, auf die erste Generation von Briefträgern aufzupassen, damit sie keine fremden Briefe öffneten um sich unerlaubterweise mit dem Inhalt bekannt zu machen. Sie hauchten zärtlich auf den Stempel des Herrn Postmeisters, damit er alles ordentlich abstempeln konnte.

Mit dem Aufkommen der modernen Zeit starb diese Engelsart praktisch aus. Einige kamen in alten Bankhäusern als Detektive unter; es handelte sich dabei aber nur um wenige ehrbare Ausnahmen. Die Engel wirkten nicht vor den Augen der Öffentlichkeit. Nicht einmal die Angestellten waren über sie im Bilde. Sie verschmolzen so perfekt mit ihrer Umgebung, dass oftmals nicht einmal der Verwaltungsratspräsident ahnte, dass in den Reihen der Angestellten auch Vertreter übernatürlicher Kräfte wirkten! Die unauffällige, bescheidene italienische Putzfrau war das kostbarste Bankgeheimnis, die Seele des Hauses.

Aber auch der in einem schlichten Büro eines unbedeutenden Bankangestellten abgelegte Teppich war nicht nur eine gewöhnliche Textilie! Niemand ahnte, dass es sich um den berühmten fliegenden Postteppich handelte. Die Leistungen dieses Teppichs waren durchaus mit den Fähigkeiten von Posttauben zu vergleichen. Er fand den Heimweg ganz allein ohne Angaben Fremder, ohne Kompass und Navigationsinstrumente. Nur so, durch eigene Geschicklichkeit! Postengel benutzen fliegende Teppiche manchmal ähnlich wie Polizisten Dienstmotorräder.

Inzwischen waren die Räuber in ihrer Höhle angelangt. Endlich konnten sie aufatmen! Sie nahmen die ekelhaften Strümpfe vom Gesicht, kämmten sich die platt gepressten Haare. Sie setzten sich auf den Teppich zu ihrer Beute und begannen sie zu teilen. Eine spannende Arbeit! Sie hatten so viel geraubt, dass sie augenblicklich anfangen konnten ein anständiges Leben ohne weitere Überfälle zu führen. Durch diesen gelungenen Coup war der Weg zur Besserung geebnet! Die jüngeren Räuber sprachen verschämt von einem Studium an Fachschulen, unter den älteren wurde eifrig über die Preise von Häuschen am Meer diskutiert. Der Anführer der Bande dachte an die Erfüllung seines Lebenstraumes: Er wollte ein Geschäft mit Papageien, syrischen Hamstern und anderem Kleintier eröffnen.

Als alles bestens war, wellte sich der Teppich und schwebte in die Höhe. Majestätisch kreiste er um die Lampe unter der Decke und flog durch das Lüftungsfenster nach draußen. Als die Räuber dies bemerkten, schwebten sie schon viel zu hoch. Nur ein Irrer hätte noch den Absprung gewagt! Ratlos schauten sie zu, wie der Teppich sie zu ihrem eigenen Untergang hinführte. Sie schwiegen, es gab nichts zu sagen. Der fliegende Teppich nahm Richtung auf sein Zuhause. Er landete mitten in der Halle der Bank.

Die Polizei war schon zur Stelle. Die Räuber wurden aufgefordert ihre Pranken hochzuheben, was sie unter wildem Murren schließlich taten. Der Bandenchef weinte. Die Erfüllung seines Lebenstraumes wäre ihm um ein Haar geglückt!

Die Polizisten stellten fest, dass nichts fehlte, alles war zur Hand, die Situation klar durchschaubar, eins reihte sich logisch ans andere: die Beute, die Täter, die Strümpfe, die Revolver ...

»Keine Gewalt, bitte!«, bettelten die Räuber.

Die Journalisten tobten, dass sie wegen dieser wahnwitzigen italienischen Alten sämtliche bereits fertigen Reportagen umschreiben müssten. Die italienische Putzfrau seufzte. Sie nahm den Bodenlappen und den Eimer. Nach dem misslungenen Banküberfall musste sie jetzt sauber machen. Es war doch alles eingesaut.

Der Mantel

Seit jeher weilte auf dem Dachboden unseres Hauses ein zerrissener Mantel. Er verhielt sich ruhig, bedächtig und besonnen. Er hing da und manchmal, wenn ein Windstoß zwischen den Balken hindurchfuhr, wiegte er sich ein bisschen in der Luft. Er war von Staubschichten bedeckt, die Tauben hatten ihn mit ihrem Kot beschmutzt, die gute Laune jedoch hatte er nie verloren. Der altmodische Schnitt verriet, dass er ein unglaublich betagter Bursche sein musste. Hätte er einen Schnurrbart gehabt, hätte er ihn sicher wie der Kaiser zwirbeln lassen.

Ich bewunderte ihn schon als Kind; seine zuverlässige Reglosigkeit in einer Welt, die sich ständig veränderte, behagte mir. Der Mantel war zu mir immer gleich freundlich, nie war bei ihm auch nur ein Anflug von schlechter Laune zu spüren. Gelegentlich ging ich ihm die Ehre erweisen, zum Beispiel, wenn die Mutter auf dem Dachboden die gewaschene Wäsche aufhängte. Nach unauffälligen, kaum wahrnehmbaren Signalen zu urteilen mochte der Mantel meine Besuche. Manchmal bewegte er seine deckflügelähnlichen Schöße, ein andermal hob sich sogar unendlich langsam der Kragen.

Sobald ich groß genug war, dass ich zu ihm hinaufreichte, durchsuchte ich seine Taschen und sein Inneres. Das Seidenfutter glänzte merkwürdigerweise noch immer wie neu, der Stoff verströmte, wie ein Hauch alter Zeiten, den unaufdringlichen Duft eines zarten Herrenparfüms. In den Tiefen des Mantels konnte man umherirren wie in einem geheimnisvollen Klostergarten. Es waren die ersten von Menschen tatsächlich verlassenen Räume, die ich in meinem Leben durchstreifte. Der Mantel gab mir zu verstehen, wie schön es manchmal ist, allein zu sein.

In der einen Tasche, die diskret auf den unteren Mantelrand genäht war, fand ich eine Hand voll Samen. Der Form und der Größe nach erinnerten sie an Kaninchenkotkügelchen. Oder auch an Mantelknöpfe! Ich vergrub die Samen hinten im Garten, wo es genügend Platz hatte, nachdem uns ein paar Birnbäume erfroren waren. Es hätte mich überhaupt nicht gewundert, wenn aus den Samen Mantelbäume gewachsen wären. Es wuchsen daraus aber Fichten. Eine seltene, in unserer Gegend ganz ungewöhnliche Art; selbst bei gleißendem Sommerwetter schien mir, als glitzerte Schnee auf den Zweiglein. Ich liebte die Bäumchen hingebungsvoll. Ich ging auf den Dachboden um meinem verstaubten Freund zu erzählen, dass es den Fichten gut ging. Der Mantel war offensichtlich erfreut. Sein Futter glänzte fröhlich in der Dunkelheit, manchmal drehte er sich sogar selbst, ohne Hilfe eines Windstoßes, ein wenig um, um mir seine Zufriedenheit und treue Freundschaft zu bekunden. Selbst bei der vorsichtigsten Bewegung löste sich eine Unmenge hundertjährigen Staubs. Er schwebte zu Boden wie eine Schneewolke.

Als die Bäumchen etwas gewachsen waren, fing ein

Unbekannter ohne Vorwarnung an sie abzusägen. Dies war die erste wirklich große Bestürzung in meinem Leben. Jedes Jahr kurz vor Weihnachten verschwand eine Silberfichte. Zurück blieb nur ein Baumstumpf, der jämmerlich zwischen den anderen grauen Bäumen im Garten leuchtete. Er sah so traurig aus wie ein Schwan mit durchschnittenem Hals. Der Mantel schaukelte zornig an seinem Balken, auf den Gang der Dinge hatte dies jedoch leider keinen Einfluss.

An Heiligabend schlenderten wir ratlos durch die Stadt. Unauffällig schauten wir in die Fenster, musterten die Christbäume, die fremde Wohnungen zierten. Einer davon musste doch unserer sein! Aber welcher? Wer schämte sich nicht seine Kinder unter die Zweige eines gestohlenen Weihnachtsbaumes zu setzen? Wer hatte den Mut, seine Freude auf fremden Schmerz zu gründen? Wie sah sein Gesicht wohl aus? War er ein lustiger Mensch? Lächelte er genauso wie wir? Die freche Schamlosigkeit des unbekannten Diebs empörte uns eigentlich mehr als der Diebstahl selbst.

Zu allem machte dieser Schuft sich auch noch über uns lustig. Immer nach Weihnachten steckte er ein kleines silbernes Zweiglein ins Schlüsselloch unserer Haustür. Beim ersten Mal wurden wir so wütend, dass wir dem Dieb augenblicklich eine eiserne Bärenfalle stellten. Leider gelang es uns nur, darin den alten Opa unseres Nachbarn zu fangen, der schon schlecht sah und sich auf seinem Spaziergang in unseren Teil des Gartens verirrt hatte. Der alte Mann steckte mit einem Fuß in der Falle, den andern hielt er hoch über dem Boden. Er fluchte leise. Ein bisschen sah er aus wie ein Storch, ein bisschen wie ein lebendiger Vorwurf, ein bisschen wie ein Ausrufezeichen. Oder ein Rachezeichen. Wir mussten seine ärztliche Behandlung bezahlen. Und er verlangte auch eine Entschädigung für beide Halbschuhe, obwohl die Kinnlade der Falle ihm nur einen kaputtgemacht hatte. Die Ämter, an die der wütende Nachbar sich wandte, rieten uns einstweilen von einem weiteren Gebrauch der Falle abzusehen. Der Mantel zuckte zornig, ließ Staubwolken aufwirbeln, es kam mir sogar vor, als hörte ich ein Zähneknirschen, aber mehr vermochte auch er vorläufig nicht.

Wieder rückte Weihnachten näher. Im Garten war noch ein einziger Baum übrig geblieben. Er duckte sich ängstlich. Die ganze Familie bewachte ihn rund um die Uhr, wir wechselten uns Tag und Nacht ab. Mit Sicherheit wussten wir, der Dieb würde auch diesmal kommen. Sogar der Opa des Nachbarn meldete sich freiwillig als Wache. Der alte Mann stellte die Feindseligkeiten gegenüber unserer Familie im Interesse der guten Sache ein. Das sah ich als positives Signal.

Alle spürten wir, dass diesmal mehr auf dem Spiel stand als früher. Es ging um den Geist des Hauses selbst, das wussten Eltern wie Kinder. Alle liefen wir mit entschlossen vorgerecktem Kinn umher. Sogar unsere Hunde! Als ich an die Reihe kam, ging ich vor Verzweiflung auf den Dachboden. Ich nahm den alten Mantel vom Balken herunter. Ich wusste, allein konnte ich die Wache nicht schaffen, ich brauchte dazu die verlässliche Hilfe meines alten Freundes. Wir kannten uns ja schon so lange! Der Mantel schaute nicht gerade fröhlich drein, das Futter glänzte nur noch sehr matt und der

Duft des Parfüms war kaum noch zu riechen, aber er glitt trotzdem mit gut sichtbarer kämpferischer Entschlossenheit vom Balken. Vor lauter Aufregung gab er sogar ein leises, unterdrücktes Ächzen von sich. Merkwürdig! Als ich den Mantel anzog, stellte sich heraus, dass er auf dem Rücken in Höhe der Schulterblätter zwei schön eingefasste Öffnungen hatte. Augenblicklich kam mir der Gedanke, dass ein so sonderbar geschneiderter Mantel einem Engel prachtvoll passen müsste. Problemlos könnte er seine Flügel durch die Schlitze stecken. Als wir vor das Haus traten, konnte man sehen, dass der Mantel sich neugierig in der Gegend umschaute. Er drehte den Kragen nach allen Seiten; es knarrte, als würde ein uralter Holzbolzen gedreht. Weiß Gott, nach wie vielen Jahren der Mantel zum ersten Mal wieder an die frische Luft gekommen war! Entschlossen und als wollte er mir Mut einflößen, schmiegte er sich an mich.

Ich versteckte mich ganz in der Nähe der letzten Silberfichte im Gebüsch. Ich fühlte mich nicht wie gewöhnlich, sondern seltsam selig. Vor allem wärmte der Mantel mich fantastisch, aber das war bei weitem noch nicht alles. Mir war wohlig und weich wie in einer Federdecke. Ich kauerte mich gegen die Wand des Gartenhäuschens. Nach kurzer Zeit fiel mir der Kopf vornüber, ich fing an zu dösen. Erstaunlicherweise beunruhigte mich das überhaupt nicht. Das macht nichts!, sagte ich mir schlaftrunken. Wenn der Dieb kommt, werden seine Schritte mich bestimmt wecken. Da hörte ich eine ungemein stille, melodische, liebevolle Stimme. »Schlaf!«, sagte mir jemand in nächster Nähe, so nah,

als wiegte er mich in seiner seidenen Umarmung. »Schlaf ruhig! Es kann dir nichts Böses geschehen. Diese Fichte wird sich selbst zu helfen wissen. Du wirst schon sehen!«

Ich schlief ruhig und tief. Träumte nur von Engeln. Sie saßen rings um mich herum und streckten freundlich ihre Flügel nach mir aus. In riesigen Kreisen breitete sich vollkommene Behaglichkeit aus. Ich konnte davon nicht genug bekommen. Ich verfiel in immer süßere Träumereien, als dränge ich immer tiefer in geräumige Schlossgemächer vor. Im Traum erzählte mir die leise Stimme, dass jedes Wesen seinen Schutzengel habe. Wer eine Seele habe, sei es auch nur eine ganz kleine, der habe auch einen Schutzengel. »Eine Seele, ein Engel!«, zählte die Stimme. Sie behauptete, auch Hunde hätten ihre Engel. Einen miauenden Engel hätte auch jede Katze auf dem Zaun. Und angeblich hätten sogar die Bäume ihre Schutzengel.

Da begann die Stimme unbemerkt das Thema zu wechseln, wie wenn der Wind sich langsam dreht. Mir kam es vor, als steuerte sie heimlich, aber beharrlich auf ein vorher festgesetztes Ziel zu. Ausführlich erzählte sie von einem Baum, der ganz allein, ohne Hilfe des Windes, seine Äste bewegen konnte. Ein ungewöhnlich kluger Baum! Nie machte er etwas Auffälliges, er stellte sich tot wie ein Käfer. Immer wartete er, bis der Wind blies, erst dann bewegte er aus Freude behutsam irgendein Ästchen, ohne dass er befürchten musste sich zu verraten. Aus der Stimme war allmählich ein verborgener Triumph herauszuhören.

Einmal kam ein Dieb mit der Säge. Er schnitt eine

wilde Fratze, machte keinen Hehl aus seinen bösen Absichten. Er war entschlossen den klugen Baum zu fällen! Dieser unerfahrene Dieb hatte sich aber teuflisch verrechnet. Unvermutet packte der Baum den Dieb mit den Ästen und setzte ihn hoch oben in die schwankende Krone. Der Dieb schrie auf. Er bebte vor Angst auf dem Ende eines dünnen Astes. Er versprach dem Baum alles Mögliche, wenn er ihn nur wieder sicher zurück auf den Boden stelle. Der Baum ließ sich jedoch nicht erweichen. Der Schuft musste sich mit seiner Säge den Ast, auf dem er saß, selbst absägen.

Plötzlich drang ein wirklicher, durchdringender Angstschrei in meinen Traum. So schreit nur ein Mensch, der sich fürchtet irgendwohin zu fallen! Augenblicklich sprang ich auf. In der Finsternis wehklagte eine mir unbekannte Stimme. Verwirrt suchte ich in den Manteltaschen die Taschenlampe. Mir kam es vor, als dringe aus den entferntesten Tiefen des Mantels ein kaum hörbares Lachen, das man, wie einen entschwindenden Traum, nur bei höchster Konzentration wahrnehmen konnte. Schon kam auch jemand mit einer brennenden Laterne aus dem Haus gelaufen. Auf der gebogenen Spitze der letzten Fichte wurde ein Mensch wild hin und her geworfen. Laut klapperten seine Zähne vor Angst. In der Hand hielt er eine Säge. Ein Zweifel war ausgeschlossen. Endlich hatten wir unseren Dieb. Schon stürzte der Opa des Nachbarn aus dem Garten herbei. Sein rachsüchtiges Lächeln leuchtete durch die Dunkelheit.

»Wir sollten ihn runterschütteln wie faulendes Obst!«, riet der alte Mann wütend.

»Ich bitte euch! Helft mir herunter!«, flehte der Dieb.

»Gerne!«, schrie der Opa.

»Bringt die Leiter!«, befahl der Vater schließlich.

Wir halfen ihm auf den festen Boden. An eine Flucht dachte dieser Mensch freilich nicht mehr. Seine Knie waren weich vor Angst, wir mussten ihn stützen, damit er nicht zusammenklappte. Er stand gebeugt wie eine Trauerweide. Wir leuchteten in sein Gesicht; erstaunlicherweise gab es da nichts Auffälliges, keine diabolischen Züge oder stechenden Augen, eigentlich sah er aus wie wir. Er dankte uns so herzlich für die Befreiung, als seien wir seine besten Freunde. Er beteuerte, er werde unseren Garten nie mehr betreten. Feierlich schwor er für die Zukunft jeglichen Diebstählen ab. Auf der Stelle begann er ein neues, gebessertes Leben. Nur bat er uns immer wieder, dass wir ihn um Gottes willen von diesem fürchterlichen Baum wegbringen sollten. Er behauptete, der Baum habe ihn »mit den Ästen gepackt wie mit Pranken!« und ihn dann selbst in die Krone gehoben. Wann immer der Baum ein wenig schwankte im Wind, stöhnte der Dieb und drückte sich ängstlich an uns.

Ich brachte den Mantel ehrfurchtsvoll wieder zurück auf den Dachboden. Mir schien, als zwinkerte er mir schelmisch zu. Zum Dank wollte ich ihn abbürsten; ich war mir aber nicht sicher, ob dies meinem Freund recht gewesen wäre. Von meinem Traum erzählte ich niemandem. Ich hatte das deutliche Gefühl, dass der Mantel überhaupt nicht nach Ruhm oder Aufmerksamkeit strebte.

Er hing noch viele Jahre auf unserem Dachboden.

Ich muss gestehen, als erwachsener Mensch ging ich ihn nicht mehr so oft besuchen. Als in den Zapfen unserer Silberfichte die ersten Samen reif wurden, plumpste der Mantel geräuschvoll vom Balken. Seine Aufgabe war offensichtlich erfüllt. Eine halbe Stunde lang lag er erschöpft im Staub auf dem Boden. Man konnte klar sehen, dass er Kräfte sammelte. Er schüttelte sich wie ein Hund und flog so leicht davon, als steckte in seinem Innern jemand Unsichtbares. Er verschwand im Himmel, nur das Futter glänzte in den Höhen klarer als ein Stern.

Die Spur im Schnee

Für Pál Mathias und seine Mutter

Ich habe schon viele wunderliche Geschichten über die Verwechslung von Engeln mit Hühnern gehört. Ein misstrauischer Mensch zum Beispiel sah einen Engel, hielt ihn aber lieber für ein gewöhnliches Huhn. Seltener kommt es vor, dass im Gegenteil aus irgendeinem Grund ein Huhn für einen Engel gehalten wird. Dass aber ein Engel öffentlich als Engel bezeichnet wird, wobei man insgeheim denkt, es sei trotzdem nur ein gewöhnliches Huhn ... Nein! Das geschieht wirklich nicht allzu oft!

Diese Geschichte hat mir Pál einst anvertraut. Ein liebenswürdiger Mensch, ein zuverlässiger Freund, ein bewundernswerter Gastgeber, vor allem aber ein hervorragender Erzähler. Hinter den Fenstern seines Hauses fiel damals langsam Schnee aus den Wolken. Allmählich brach die Dämmerung herein, wir saßen in vertrauter Behaglichkeit beisammen und erzählten einander Geschichten. Im Zimmer stand der Weihnachtsbaum bereit, schon am nächsten Tag sollten feierlich die Kerzenlichter erstrahlen. Der Ofen verströmte Wärme, es war ungemein gemütlich und in der Luft schwebte geheimnisvoller Weihnachtsduft. Kein Wunder, dass wir begannen von der längst verlorenen Kindheit zu reden!

Mein Freund stammt aus einem Geschlecht von Donauschwaben. Seine Vorfahren waren einst aus Deutschland weggezogen um zwei Jahrhunderte später wieder ins Land ihrer Vorfahren zurückzukehren. »Alles haben wir verloren, nur der ungarische Akzent ist uns geblieben!«, sagte mein Freund manchmal fröhlich. Das stimmte jedoch nicht so ganz. Aus Ungarn hatten die Rückwanderer auch einen ganzen Schatz von Sagen, Geschichten und Familienerinnerungen mitgebracht, außerdem eine Sammlung überlieferter Anleitungen, wie man sich im Leben richtig zu verhalten hat. Wer zum Beispiel viele Nüsse isst, kann hundert Jahre alt werden!

Wir verstummten für eine Weile. In den Tiefen des Hauses ertönte ein kaum hörbarer Klang. Etwas bewegte sich! Die Tür knarrte leise. Durch den Flur näherten sich tastende Schritte. Im Halbdunkel des Zimmers wirkte dies Furcht erregend, doch mein Gastgeber bedeutete mir mit einer leichten Kopfbewegung, dass ich keine Angst zu haben bräuchte. Eine weißhaarige Frau betrat das Zimmer, die Mutter meines Freundes. Sie brachte zwei Schüsseln. Aus der einen dampfte es; dem Duft nach war darin die berühmte, aus Karpfenfleisch zubereitete ungarische Weihnachtssuppe. Die andere war mit Plätzchen gefüllt.

Das Gesicht der Mutter strahlte feierlich. Mit behutsamen Bewegungen stellte sie die Schüsseln vors Fenster. Es fielen einige liebe Worte in der mir unbekannten Sprache, die Frau blickte mich freundschaftlich an und verließ uns wieder. Die Tür fiel hinter ihr ins Schloss, die Schritte entfernten sich, eine zweite Tür knarrte, im Haus wurde es wieder still.

»Füttert ihr im Winter die Vögel vor den Fenstern?«, sagte ich gedankenlos und verlegen. Das Verhalten der Mutter meines Freundes hatte mich überrascht.

»Nein«, sagte er. »Das ist für den Weihnachtsengel.«

»Für einen Engel!«, rief ich verblüfft.

»Aber natürlich. Stellt ihr denn dem Weihnachtsengel keine Naschereien vors Fenster?«, wunderte er sich.

War das vielleicht ein Scherz? Ich trat zum Fenster, rieb die beschlagene Scheibe sauber. Die heiße Suppe dampfte im Frost. Auf einem Baum duckte sich eine durchgefrorene Amsel. Einen Engel aber sah ich nicht.

»Vorsichtig!«, raunte mein Freund mir zu. Er war ganz verzückt. »Er wird jeden Moment da sein!«

Langsam trat ich zur Seite. Ein merkwürdiges, fast ängstliches Gefühl kam über mich. Es war klar, mein Freund schaute mit seinen fest geschlossenen Augen in eine andere, unbekannte, mir unzugängliche Welt! Er lächelte aufmunternd, als wollte er ein vertrautes Wesen begrüßen. Er winkte sogar schon! Ich wagte es nicht, neue Fragen zu stellen. Nach einer Weile saßen wir wieder in den gemütlichen Sesseln.

»In Ungarn stand der Himmel an Weihnachten immer voller Sterne!«, setzte mein Freund das Gespräch nach längerer Pause fort. »Den Stern von Bethlehem mit dem langen Schweif habe ich leider nie gesehen. Dafür aber den Weihnachtsengel mit der Trompete.«

»Mit der Trompete!«, stieß ich hervor.

»Ja!«, wiederholte mein Freund ruhig. »Mit der Trompete. Mein Vater und ich machten einen Spaziergang. Die Bäume waren weiß vor Frost. Wir zogen einen kleinen Schlitten. Die Hand des Vaters wärmte die meine noch durch die dicken Handschuhe hindurch. Wie gern bin ich in der Kindheit Hand in Hand mit dem Vater spazieren gegangen! Da drückten die Finger des Vaters meine Hand plötzlich ganz fest. Über uns schwebte ein Engel. In seinen Flügeln wechselten sich weiße und rosarote Federn ab. Sein braunes, lose geschnittenes Engelshemd wurde von einem schmalen Ledergürtel zusammengehalten. Unten lugten nackte Füße hervor. Der Engel fror bestimmt fürchterlich, er sah jedoch keineswegs unzufrieden aus. Auf seiner Stirn glänzte ein Stern. Der Engel blies in eine sehr lange, dünne Trompete. Es klang feierlich, ein wenig wehmütig. Dann löste er sich auf wie Dampf in der Luft.«

»In der Dämmerung«, fuhr mein Freund fort, »stellte die Mutter Schüsseln mit Leckerbissen vors Fenster. Für den Engel! Hinter dem Vorhang versteckt wartete ich, was geschehen würde. Unsere gefräßigen Hühner trippelten herbei. Wie wild pickten sie in die Schüsseln, die Krümelchen stoben davon. Langsam tauchte aus der Dunkelheit der Engel auf. Er legte die Trompete in den Schnee, nickte mir zu, nahm sich mit zwei Fingern einige Brocken aus der Schüssel. Die Hühner traten ehrfurchtsvoll zurück. Sogar der Hahn machte dem seltenen Flügeltier Platz! Der Engel lächelte, blies in die Trompete, stieß sich mit den nackten Füßen vom Schnee ab und flog wieder in den Himmel zurück. ›Hast du den Engel gesehen?‹, fragte mich die Mutter. ›Er war da!‹, rief ich. Das Bäumchen leuchtete. Das Weihnachtsfest war da.«

»Du erzählst wirklich sehr schön!«, rief ich.

»Hör mal!«, sagte mein Freund tadelnd. Er hatte meine Zweifel herausgehört. »Ich bin noch nicht fertig! Im Laufe der Jahre lächelte meine Mutter oft amüsiert. ›Auf der Stirn hatte er einen goldenen Stern, nicht wahr?‹, sagte sie jedes Mal in liebenswürdig spöttelndem Ton, wenn ich meinen Eltern mitteilte, dass der Engel auch diesmal gekommen war. Nach und nach begriff ich, die Mutter glaubte längst nicht mehr an den Weihnachtsengel. Als ich fünfzehn war, überraschte sie mich mit einer unerwarteten Mitteilung. ›Es gibt keine Engel!‹, verkündete sie hart. ›Es ist ein schöner Weihnachtsbrauch, eine Schüssel vors Fenster zu stellen! Den Kindern zu erzählen, es sei für einen Engel. Gewiss! Aber du bist doch kein kleines Kind mehr! Hör auf, Märchen zu erfinden!‹

›Doch! Komm doch selbst schauen!‹, sagte ich ganz ruhig zu ihr. Zum ersten Mal benutzte ich in einem Gespräch mit meiner Mutter das deutsche Wort ›doch‹, sonst hatten wir uns ausschließlich auf Ungarisch verständigt. Die Mutter schaute aus dem Fenster. Entsetzt schrie sie auf. Gerade trat langsam der Engel aus der Dunkelheit. Wie ein Traum, wie ein Märchen, wie Rauch von einem Feuer! Die Mutter wich zurück. ›Wer ist das?‹, flüsterte sie. ›Mein Herr, was machen Sie da?‹ Der Engel grinste ungezwungen. Er nahm einen Bissen aus der Schüssel. Er verneigte sich und wünschte schöne Weihnachten, das hörten wir durchs Glas hindurch sehr deutlich. Dann verschwand er in den Schneewirbeln.«

»Hat er mit euch Deutsch gesprochen?«, fragte ich vorsichtig.

»Ungarisch!«, entgegnete mein Freund. Seine Augen blitzten schelmisch.

»Hm!«, sagte ich nur.

Der Freund zuckte die Achseln. Wortlos zeigte er zum Fenster. Mit angehaltenem Atem trat ich näher um einen besseren Ausblick zu haben. Die Schüsseln waren schon fast leer. Einige schmutzig weiße Hühner wackelten um sie herum. Da war kein Engel. Auch die durchgefrorene Amsel war fortgeflogen. Mein Freund verzog keine Miene.

»Ich mache es sonst genauso. Der Engel kommt immer!«, sagte er.

Wir traten auf die Schwelle. Die Hühner sahen uns fragend an. Der Hahn hatte gerade den letzten Bissen aus der Schüssel gepickt. In dichten Flocken fiel der Schnee. Glitzernder Pulverschnee. Die Hoffnung in mir wurde immer größer; durch die Vorahnung einer Enttäuschung wurde sie noch sonderbar verstärkt.

»Schau!«, seufzte mein Freund verblüfft.

Ich wollte meinen Augen nicht trauen. Im frisch gefallenen Schnee zeichnete sich eine Spur ab. Ein Wesen hatte seinen nackten Fuß in die Schneedecke gedrückt, es musste viel größer sein als ein Huhn! Die Spur konnte von einem großen Vogel, zum Beispiel einem Schwan, stammen, aber auch von einem Menschen. Ohne weiteres hätte ein Engel sie zurücklassen können. Die Umrisse waren durch die feuchten Flocken verwischt. Von oben ertönte Flügelrauschen. Durch die Winterlandschaft hallte Trompetenklang. Ein kurzer, durchdringender, kupfern gefärbter Ton. In den Wolken sah ich den Schatten eines schwebenden Leibs. Ein Schwan? Ein Trugbild? Ein Engel? Alles wurde durch einen Windstoß weggefegt. Wir wagten nicht laut zu reden.

Wir kehrten ins Innere des Hauses zurück. Der Freund legte Holz nach. Im Kamin knisterte es leise. Lächelnd setzte sich die alte Mutter meines Freunds zu uns. Auch sie schwieg. Wortlos schauten wir zu, wie die Dämmerung den Gegenständen im Zimmer allmählich ihre Formen nahm und sie in reinen Schein verwandelte. Meine Seele war erschüttert. War es der Schrei eines Schwans? Eine Trompete? Das kehlige Rufen eines ungarischen Engels? Können Engel Ungarisch? Wenn nicht, in welcher Sprache verständigen sie sich? Eine wirklich zufrieden stellende Antwort auf diese Fragen habe ich nie bekommen. Das ist gerade das große Geheimnis! Wunder lassen sich nicht patentieren. Überzeugende Beweise fehlen immer! Zum Glück! Ein zuverlässig garantiertes Wunder wäre gar kein Wunder mehr. Ohne Hoffnung auf Wunder aber könnten wir überhaupt nicht leben.

Ittenschwand – Basel – Kostelec nad Černými lesy –
Gersbach
1991 – 1992

Inhalt

Das letzte Wort
hat Charlotte, die Maus

Fast zur Verzweiflung treibt Charlotte ihren neuen Freund, den Dichter. Nichts Böses

ahnend hatte der sich darauf eingelassen, die kleine freche Maus, die sich in seiner

Manteltasche versteckt hatte, bei sich aufzunehmen. Und nun bringt sie ihn mit ihrer

bestechenden Logik in Teufels Küche. Denn Charlotte von Huglfing weiß einfach

alles besser. »Reinhard Michl kennt sich mit Mäusedamen anscheinend aus: Seine

Porträtstudien von Charlotte sind einmalig! Das Zusammenspiel zwischen seinen Bildern

und den Texten von Petr Chudozilov macht das Erkunden von Menschen- und

Mäusephilosophien vergnüglich.« BRIGITTE

Petr Chudožilov

Charlotte von Huglfing

Mit Bildern
von Reinhard Michl

Hanser

Mit Bildern von Reinhard Michl
88 Seiten. Gebunden, Fadenheftung
DM 24,80 / öS 181,– / sFr 23,90

Illustration: Reinhard Michl

Bücher
für die Weihnachtszeit

Dorothée Kreusch-Jacob:
Weihnachtsnüsse eß ich gern
Geschichten, Gedichte und Lieder
zur Winters- und Weihnachtszeit
dtv junior 7982

Hisako Aoki / Ivan Gantschev:
Die Weihnachtsgeschichte
erzählt vom Weihnachtsmann
dtv junior 7984 Ab 5

Ursel Scheffler / Jutta Timm:
Ach, du dicker Weihnachtsmann
dtv junior 7995 Ab 5

Gunhild Sehlin:
Marias kleiner Esel
Eine Weihnachtslegende
dtv junior 7071 Ab 8

Katharina Kühl:
Weihnachten auf freier Strecke
dtv junior 70416 Ab 10

Andreas Steinhöfel:
Es ist ein Elch entsprungen
dtv junior 70450 Ab 8

Endlich
im Taschenbuch!

Band 70491 Ab 8

Band 70500 Ab 10

Die Tiere in aller Welt sind es leid! Die Menschen rufen Konferenz um Konferenz ein um Frieden zu schaffen und was passiert? NICHTS! GAR NICHTS! Da kommen die Tiere auf eine verrückte Idee: Während sich die Menschen gerade zu ihrer 87. und vermutlich wieder erfolglosen Konferenz in Kapstadt einfinden, machen sich sämtliche Tiere auf zur großen Konferenz der Tiere. Und was dort ausgeheckt wird, verursacht schließlich einen solchen Jubel auf der Erde, »dass sich die Erdachse um einen halben Zentimeter verbog…

Zum ersten Mal darf Emil allein nach Berlin fahren um seine Großmutter zu besuchen. Doch im Zug übermannt ihn vor lauter Aufregung der Schlaf, und als er aufwacht, muss er feststellen, dass sein ganzes Geld gestohlen worden ist! Nur einer kann der Dieb sein: der »feine« Herr mit dem steifen Hut! Doch wie soll Emil den allein zur Strecke bringen? Glücklicherweise begegnet er Gustav mit der Hupe und seinen Jungs, die ihm unbedingt helfen wollen. »Parole Emil« ist ihr Motto und der Beginn einer aufregenden Verfolgungsjagd…